「うまく言葉にできない」
がなくなる

言語化

語彙力 ▶ 具体化力 ▶ 伝達力

大全

山口拓朗

言語化力を
上げるための
「型」一覧
はコチラ！

ダイヤモンド社

るための 型 一覧

どんどん上がります。（詳しくは本文の該当ページを参照）

3.「伝達力」を磨くための型

話を分かりやすく組み立てる

興味を惹くテクニックを使う

言語化力を上げ

「型」を意識して思考や行動をすると、言語化力は

1.「語彙力」を伸ばすための型

❶ リアルの場で会話をする ➡P36
❷ 体験を表現する、言い換える ➡P38
❸「アクティブ・リーディング」をする ➡P42
❹ 集めたい情報について書き出す ➡P44
❺「〜とは」検索をする ➡P46
❻「類語」を調べる ➡P47
❼「対義語・反対語」を調べる ➡P47
❽ 覚えた言葉は「30分以内」に使う ➡P51

2.「具体化力」を鍛えるための型

「事実」を具体化するとき

❶「5W3H」に当てはめてみる ➡P80

「意見・感想」を具体化するとき

❷「なぜ→たとえば」で思考を深く広く掘る ➡P92
❸「思考のものさし」を使う

    (1)「メリット・デメリット」を考える ➡P108
    (2)「ビフォー・アフター」を考える ➡P110
    (3)「類似点・相違点」を考える ➡P112
    (4)「誰におすすめ?」を考える ➡P114
    (5)「どうやって?」を考える ➡P116

巻頭折込
言語化力を上げるための
「型」一覧をチェック!

「うまく言葉にできない」がなくなる

言語化大全

はじめに

「頭の中にある気持ちや考えを、うまく言葉にできない」
「突然、人から質問を受けた時に、すぐに答えが出てこない」
「報告書や企画書を書いても、内容がぼやけてしまう」
「上司からよく『で、結局何が言いたいの？』と言われる」

　あなたも似たような悩みを持っているのではないでしょうか。
　どんなに素晴らしい考えや発想が頭の中に浮かんでも、それを言語化し、相手にきちんと伝えることができなければ意味がありません。少し厳しく言えば、**「言語化できない人は、何も考えていない人と同じ」**です。

　おそらくあなたは、言語化に自信がないか、あるいは、言語化の仕方がよくわからないか、そのどちらかでしょう。
　いずれにしても、あなたが本書を手にした理由はひとつ。

「なんとかして言語化力を伸ばしたいから」
　ではないでしょうか。

　言語化力が伸びない原因は、ズバリ、あなたが「言語化する方法」を知らないからです。
　本書はあなたを言語化できる人へと導く本です。
　正しい手順を踏むことで「うまく言葉にできない」を「うまく言葉にできる」に変える、ありそうでなかった画期的な1冊です。

●「言語化」のプロセスを網羅した3STEP

　私はこれまで25年以上、「すべての人が、どんな状況でも、うまく言語化できるようになるためにはどうすればいいか」について考え続けてきました。

　私自身、大学卒業後に勤めた出版社では、上司から原稿や企画書にダメ出しをくらう日々。「要点が不明」「漠然としすぎ」「言葉足らず」「文章が冗長で支離滅裂」など、原稿はいつも赤ペン修正で"血の海"のよう。書き直しを命じられてばかりいました。

　実力不足の中、2002年に独立をします。というのも、妻が「産後うつ」になってしまったのです。家事と育児を協力するために、私は時間の融通が利くフリーランスに転身しました。

　そこからはもう必死。出版社に飛び込み営業をして、なんとか食いつなぐ毎日。ようやく仕事が増え出したのは2年目以降。言語化力をとことん磨きながら、これまでに3700人以上に取材・インタビューをし、100を超える媒体で記事を執筆しました。

　さらに、2010年にスタートした文章講座が口コミで評判を呼び、今までに企業のビジネスパーソンを含め、延べ1万人以上に、伝え方や文章の書き方の指導をしてきました。

「自分の考えや気持ちをわかりやすく伝えられるようになった」
「企画や提案が通りやすくなり、営業成績も伸びた」
「意思疎通がスムーズになって誤解やトラブルが減った」
「どんな質問に対しても、的確に答えられるようになった」

受講者から届く喜びの声は、言語化力が持つパワーの証と言えるでしょう。

　決して優秀だったわけではない私が、文章の専門家として身を立てられるようになったからこそ、断言できることがあります。

　それは、「3つのSTEP」さえ踏めば、「言語化力」は誰でも必ず高められる！──ということ。そのSTEPが以下の3つです。

STEP1：「語彙力」を伸ばす
STEP2：「具体化力」を鍛える
STEP3：「伝達力」を磨く

　多くの人が「伝達力」、つまり「伝える力」だけで、なんとかその場を乗り切ろうとします。しかし、いえ、だから、うまくいかないのです。伝え方は、3STEPのうちの一部に過ぎません。

　本書で紹介する3STEPをすべて実践すれば、言語化ベタを自覚している人でも、必ず言語化力を伸ばすことができます。

●多忙な人でもできる実践的トレーニングを多数掲載！

　この3STEPは、私が25年以上にわたって研究・実践をくり返しながら体系化することに成功したオリジナル手法です。本書は忙しいビジネスパーソンを救うバイブルを目指し、読みやすさと取り組みやすさ、そして、ノウハウの再現性の高さを重視しました。

　なお、章間コラムでは、「言語化」を語る上で外せない対話型

AI「ChatGPT」との上手な付き合い方も紹介します。ChatGPTを受け身で使えば、人間の言語化力は驚くほど低下するでしょう。一方、賢く使えば、言語化力を劇的に伸ばすことができます。本書の読者が目指すべきは、言うまでもなく後者です。

●言語化できれば人生が変わる

本書の内容を実践いただき、揺るぎない言語化力を手に入れた暁には、**日常も、未来も、そして人生までもが変わります。**

自分の考えや気持ちを的確に伝えられるようになると、仕事がスムーズに回るようになるほか、人間関係での誤解やトラブルも減るでしょう。もちろん、**上司や同僚、部下、取引先など、周囲からの評価も高まります。**

そればかりではありません。言語化力が高まることで、自分自身の感情を適切にマネジメントできるようにもなります。それによって自己理解が深まり（同様に、自己肯定感が高まり）、自分に自信が持てるようになります。さらに、**目標や夢が叶いやすくなることも言語化がもたらす大きなメリット**です。

本書を読み終える頃、あなたは、きっと「うまく言葉にできない」に終止符を打っていることでしょう。私と一緒に言語化の旅を楽しみましょう。

著者・山口拓朗

CONTENTS

CHAPTER 2　STEP 1　STEP 2　STEP 3

「具体化力」を鍛える ―情報の「解像度」を上げるには―

CONTENTS

CHAPTER 3 ~STEP 1~ ~STEP 2~ **STEP 3**
「伝達力」を磨く —「伝わる」型とテクニック—

CONTENTS

CHAPTER 4
言語化で「自己実現」する
―人生を作るのは言葉である―

巻末特典

[シチュエーション別]
「具体化」のやり方から「伝え方」のテクまで全部わかる！

超実践的　言語化見本手帳

※本書の情報は2023年10月現在のものに基づいています。

言語化力を
上げる
「3つのSTEP」

言語化力のない人

評価されない

仕事が滞る

ビクつく毎日

人間関係に疲れる

言語化力のある人

評価される

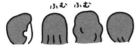

仕事がはかどる

自信みなぎる毎日

人間関係が良好

言語化力があるかどうかで、人生が変わります！
そのために大切なのが3つの力です

「言語化力」の3要素とは、語彙力、具体化力、伝達力

　本書では、言語化力を高めるための実践的な方法を紹介していきます。まずはその前に確認しておきましょう。

　そもそも、「言語化力」とは何なのでしょうか？

・思ったことをスラスラ言葉にできる力
・語彙が豊かで言葉を適切に使いこなせる力
・ひろゆき氏のような論破の達人が持っている力

　色々な考え方があると思いますが、ゴールが見えないまま努力をしても目的地には一生たどり着けません。

　だからまずは、これから私たちが目指すゴール、すなわち「言語化力」とは何かを共有しておきましょう。

　本書における定義はこうです。

【本書の定義：言語化力】
頭の中にある考えや思い、情報などを
的確に言葉にし、
相手にわかりやすく伝える力のこと。

　そのためには、欠かせない3つのSTEPがあります。それが、こちらです。

言語化力を上げる3STEP

STEP1 「語彙力」を伸ばす

● 知らない言葉は使えない
● 語彙が貧しいとぴったりくる「言葉」を
　見つけられない
● 語彙力アップが言語化の第一歩

スカスカ　　　　ギッシリ

STEP2 「具体化力」を鍛える

● あいまいな内容だと伝わらない
● 言葉の解像度を上げる
● 映像が浮かぶところまで具体化

STEP3 「伝達力」を磨く

● 相手が欲しい情報を届ける
● 相手に「伝わる」よう、表現や伝える順番
　を工夫する

多くの人はこの3STEPのどれかに弱点があります

「うまく言葉にできない」
本当の原因とは

　すでに世の中にはたくさんの「言語化」にまつわる書籍が出版されています。

　しかし、その**多くは「伝え方」にスポットを当てたもの**です。結論から言ったり、ポイントをしぼって伝えたり、インパクトのある言葉を使ったり。どのような流れ、表現にすれば相手に伝わるのかということを、数多くの書籍が指南しています。

　ところが、うまく応用できない。いざというときに使えない。そういう人たちが後を絶ちません。

　なぜなら、**伝え方は、いわば言語化の仕上げの作業**だから。先ほどの図で言うとSTEP3の部分です。「この相手ならAよりBの言い方が刺さるな」「誤解されないように最大のポイントであるAをまず伝えよう」など、伝える内容を磨き上げる作業です。

　しかし、本当は**「どう伝えるか」に注力する前に「何を伝えるか」**を考える必要があります。そのことに気が付かない限り、言語化力はなかなか向上しません。

　また、昨今は読書量の低下に加え、チャットで短文のやりとりをすることが多いため、**語彙力が低下している人が増えています。**

　そんな背景もあり、最近は語彙力を高めるための書籍も人気です。けれども、語彙力だけをいくら伸ばしても、それだけで言語化力アップとはいきません。その言葉をどのように組み立てて「具体化」していくか。その力こそが求められているからです。

「語彙力」と「伝達力」だけでは足りない！

STEP1 「語彙力」を伸ばすだけだと……

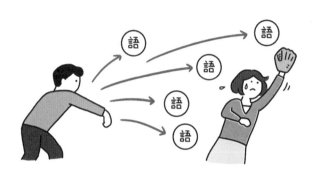

無鉄砲に投げても相手は受け取れない

STEP3 「伝達力」を磨くだけだと……

最大のポイントは
たっぷり、全体的に
多くの人が…

中身がないから伝わらない

特に大切なのは「具体化」すること

　言語化力を上げるために、**私が最も重視しているのが実は**
STEP2の「具体化力」です。具体化というのは、「何を伝えるか」
の「何」の部分。具のない味噌汁が味気ないのと同じように、言
語化でも「具（体）」が重要なのです。

　うまく言葉にできない原因は、大きく2つあります。

　1つは、**伝えたい思いはあるのだけども、頭の中がこんがらが**
って整理できていない状態です。

　もう1つは、**本当に何も思い浮かばない状態**、つまりは、思考
が停止した状態です。その場合は「わからない」「なんとなく」な
どの言葉でかわすか、「まあ楽しいです」「すてきだと思う」など、
表層の言葉をすくい取ることくらいしかできません。

　いずれの場合も、「伝え方」を考える前に、**「何を」伝えるべき**
なのかを整理する必要があります。頭の中で情報がこんがらがっ
ているのであれば、それを紐解く必要がありますし、何も思い浮
かばないなら、自分の奥深くから思いや感情や情報を引っ張り出
してくる作業が必要です。それが「具体化」の本丸です。

　ただし、具体化するためには、そもそも語彙力がないといけませ
ん。「ヤバイ」の一言だけでは深めようがないからです。また、具
体化した後は、相手に合わせて伝え方を工夫する必要があります。

　つまり「STEP1 語彙力を伸ばす」「STEP2 具体化力を鍛える」
「STEP3 伝達力を磨く」。この3STEPをセットで実践することで
ようやく言語化力がアップするのです。

「脳内」を整理し、具体化することが大事

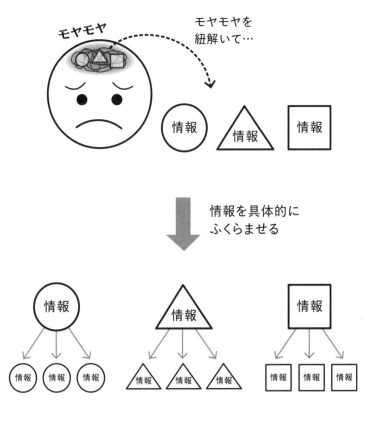

言語化力が上がることで
得られる7つのメリット

POINT 04

　本書の3STEPを実践し、言語化力を高めることができれば、職場におけるあなたのポジションは大きく変わるでしょう。あなたが手に入れる具体的なメリットを7つ紹介します。

●**メリット①　適切な「報連相」ができるようになる**

　ビジネスシーンでは「報連相（報告・連絡・相談）」が特に重要です。新入社員や言語化が苦手な人の中には、報連相をした後に「で、結局どういうこと？」と言われてしまう人が少なくありません。私は企業研修の講師もしていますが、「**報連相がちゃんとできない社員が多い**」という管理職の方の声をよく耳にします。

　それだけに、報連相ができるようになればライバルより頭ひとつリードできる可能性が高まります。

　報連相ができるということは、**大事な基本情報を抜けもれなく伝えられるということ。** そこに特別な感性はいらないし、ユーモアもいりません。事実を事実として正しく伝える。報道記者にも通じるこのスキルは、ビジネスパーソンの土台そのものです。

　事実を的確に捉えることができれば、その事実を分析する精度が高まり、対策も講じやすくなります。高い頂を目指す人ほど土台固めに余念がありません。報連相ができるようになることは、仕事で成果を出すための最速チケットでもあるのです。

●メリット② 興味を引く自己紹介ができる

自己紹介って、意外と難しくないですか？ 名刺交換のときに簡単な一言を添えるのも自己紹介なら、面接のときの自己PRも自己紹介です。そのシチュエーションは多種多様ながら、共通する大事なことは、「TPOに合わせて自分を印象的に紹介すること」です。これは「伝え方」（本書でいうSTEP3）に関連する技術だと思うかもしれませんが、その鍵を握っているのは、実は「具体化」です。自分という人間を構成している要素を細かく（＝具体的に）洗い出して可視化することで、語るべき事柄が見え、さまざまな角度から自分について伝えられるようになります。

そのつど最適な自己紹介ができるようになると、相手の記憶や印象に残りやすく、認知度や市場価値も高まっていきます。人脈も広がり、活躍のステージも上がっていくことでしょう。

●メリット③ SNSで魅力的な発信ができる

自分の考えや意見を自由に言えるSNSは、ともすると文章が独りよがりになりがちです。「今日、○○カフェに行った！」というようなSNS投稿はよく見かけます。でも、これだけだとフォローしようという気にはなりませんよね？

一方、SNS発信が得意な人は、○○カフェの魅力を伝えることができます。お店の場所やおすすめのメニュー、使われている食材、そのおいしさ、店内の様子、価格など、**読み手の役に立つ（興味を引く）具体的な情報を提供しています。**

この差は微差ではなく大差です。前者はフォロワー数も伸びず、影響力も出ませんが、後者はフォロワー数が伸び、影響力も増し

ていきます。この先、**SNSでの発信力がビジネススキルとして重要視される**可能性も十分に考えられます。その際に、文章で「言語化できる・できない」の差が大きな分かれ道となるのです。

●メリット④　人間関係がよくなる

　人間は言葉でコミュニケーションを図るので、一部の言葉しか使えなかったり、伝える内容がずれていたりすると、相手の誤解を招いてしまう、相手をモヤモヤした気持ちにさせてしまう――などのリスクが高まりやすくなります。

　転職する人は、その動機に「人間関係がうまくいかないこと」をあげる人が少なくありません。**言語化力が高まれば、コミュニケーション時の齟齬が減り、良好な人間関係を構築しやすくなります。**その結果、キャリアも積み上げやすくなるでしょう。

●メリット⑤　プレゼン、営業、交渉のスキルが上がる

　ビジネスにおいては、相手の心を動かさなくてはいけない場面が多々あります。プレゼン、営業、交渉に代表される場面です。
　私の考えでは、**人の心を動かすために必要な要素は２つです。１つは「根拠」。もう１つは「ベネフィット」です。**
　根拠は、その提案や商品などが必要であることを示す"よりどころ"のこと。一方、ベネフィットとは、その提案を実行したり、商品を使ったりしたときに相手が得られる"何かいいこと"のこと。具体的には効果、効能、恩恵、利益などがベネフィットです。
　大切なのは、根拠とベネフィットを具体化すること。「たとえば○○の場面で使えます」「たとえば○○のメリットがあります」な

ど、相手の頭の中に「映像」が浮かぶように伝えられる人は、ビジネスシーンのあらゆる場面で結果を残していけるでしょう。

● **メリット⑥ 感情をコントロールできるようになる**

なんとなく気持ちが沈んでいるとき。**言語化力が乏しいと、自分の感情を把握することができず、心のモヤモヤが増幅していきます。** なぜ気持ちが沈んでいるのか……悲しいのか、悔しいのか、寂しいのか、はっきりしない感情に翻弄されてしまうからです。

キレやすい人とキレにくい人の差には、言語化力の高低が関係していると私は考えています。**言語化力が高い人は言葉を使って感情を冷静に把握できるため、対処の仕方も間違えにくいのです。**

ストレスが溜まったときに、キレやすい人は感情のままに暴れるような行動に出ることがありますが、キレにくい人は感情を適切に把握し、寝る、お風呂に入る、カラオケに行く——など、ストレス解消へと導く解決策を探すことができます。

意外に思うかもしれませんが、言語化力と感情コントロール力は密接につながっているのです。

● **メリット⑦ 企画力が上がる**

発想やアイディアは、「言葉の掛け算」から生まれることが多いものです。たとえば、「電話」×「パソコン」＝「スマートフォン」など。こういった思いつきを得るには、高い語彙力が必須。日頃から掛け算できる言葉の数を増やしていくことが肝心です。

もちろん、企画を実現していく過程ではメリット⑤のプレゼンや交渉のスキルが必要なのは言うまでもありません。

ChatGPTは
「言語化力」の敵？　味方？

■対話型AIを使いこなすにも「言語化力」が必要

　人間のように自然な会話ができる高度な対話型AI、ChatGPT
が話題になっています。

　さらに、マイクロソフト社の「Bing」、Googleの「Bard」など
も登場し、対話型AIの競争はますます激化しています。将来「言
葉を扱う職業」もAIに取って代わられるのではないかとも言われ
ています。

　しかし、私はそうは思いません。

　AIの作った文章に負けてしまうのか、あるいは、AIを軽やかに
使いこなしながら、人間にしか作れない文章を生み出していくの
か。どちらの現実に向かうかは、まさに「使う人次第」です。

　そして対話型AIを使いこなせるかどうかも、実は「言語化力」
にかかっているのです。

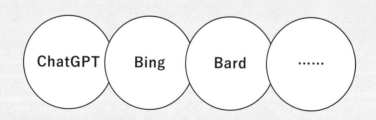

■ ChatGPTの回答を鵜呑みにするのはNG

「ChatGPTに文章作成を頼ると言語化力は下がってしまうのではないか」と思う方もいるかもしれません。

　たしかに、ChatGPTはプロンプト（ChatGPTに打ち込む指示文）を入力すると、長文の回答を差し出してくれるので、自分で文章を考える必要がありません。回答を鵜呑みにすれば（完全に依存すれば）、自分の頭で何も考えなくなるため、当然、言語化力は下がっていくでしょう。

■ 頭を使わなければ使いこなせない

　しかし、ChatGPTは万能ではありません。最適な回答を得るには、得たいゴールを明確にしたうえで、指示や質問を工夫する必要があります。

　また、ChatGPTが差し出す回答を適切に読み解きながら「足りない情報」や「不要な情報」を見極め、さらに言葉（＝プロンプト）を使ってやり取りを続けていく必要があります。

　そう、頭を使わなければChatGPTを使いこなすことはできないのです。主体性を持ってChatGPTというアシスタントとの対話を重ねていけるのであれば、あなたの「言語化力」は驚くほど高まっていくでしょう。

■ ChatGPTの得意、不得意を把握する

　次のページにChatGPTの得意、不得意を整理しました。これを把握した上で、実際に登録して使ってみましょう。

ChatGPTの
「ここがすごい」と「ここは要注意」

ここがすごい！

☞ インターネット上にある膨大な情報を学習し、
　複雑な語彙・表現・文脈を理解できる

☞ 優秀な助手と話すような自然な会話が成り立つ

☞ 一発で結果が出る「検索」ではなく「Chat」なので、
　不明点があれば、質問を重ねていくことで欲しい答えにたど
　り着く確率が上がる

☞ アカウントを登録すれば今すぐ無料で使える（有料版もある）

ここは要注意！

☞ 2021年9月までのデータを基に学習したAIなので、
　最新情報をカバーしていない

☞「間違い」をもっともらしく答えることがよくある。
　正確さは担保されていない

☞ 使いこなしのポイントはプロンプト（指示文）にある。
　「プロンプトがあいまい」だと「あいまいな回答」しか
　出てこない。「プロンプトが具体的」だと「具体的な回答」
　が出てくる

■本書にはChatGPTを使ったトレーニングも掲載

　このように特徴を理解して使えば、ChatGPTはかなり有能なあなたのアシスタントとなってくれます。

　本書は言語化力アップのための3つのSTEPとして「語彙力を伸ばす」「具体化力を鍛える」「伝達力を磨く」を提案していますが、そのトレーニングの相棒として、ChatGPTを使うこともできます。

　たとえば、本書ではそれぞれの章の最後に「楽しい言語化トレーニング」と題した、その章で学んだ力を高めるためのゲームを載せています。

　これらは本来、自分ひとりで挑戦したり、あるいは、友達や家族と競い合ったりして楽しむゲームですが、ChatGPTと一緒に取り組んだり対戦したりすることもできます。

　それぞれの章末にChatGPTと一緒にゲームをやる場合のプロンプト（指示文）の例も書いています。ぜひ、チャレンジして、AIに負けない「言語化力」を築いていきましょう。

　まだ、ChatGPTのアカウントを登録していない人は、次のページの要領で登録して、実際に使ってみましょう。

早速、登録してみよう→

ChatGPTの基本的な使い方

ここではPC画面を参考に説明しますが、アプリ（iOS、アンドロイド）もありますので、スマホにアプリをダウンロードして使うこともできます。

❶まずはhttps://chat.openai.com/のページからアカウントを登録。メールアドレスを登録するほか、Googleアカウントなどを使ってソーシャルログインもできる。

❷画面下の枠 **A** にプロンプト（指示文）を打ち込む。日本語でOK。音声入力もできる。

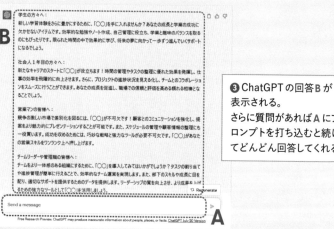

❸ ChatGPTの回答 **B** が表示される。
さらに質問があれば **A** にプロンプトを打ち込むと続けてどんどん回答してくれる。

STEP 1 STEP 2 STEP 3

「語彙力」を伸ばす

―「使える言葉」を増やす方法―

語彙力のない人

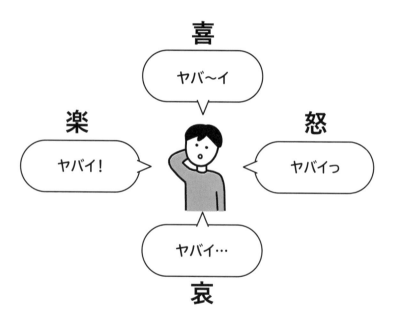

語彙力のある人

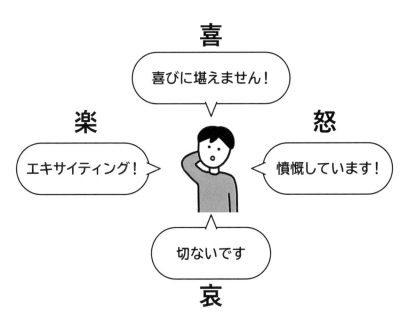

喜

喜びに堪えません！

楽

エキサイティング！

怒

憤慨しています！

切ないです

哀

いくら豊かな感情をもっていたとしても
使う言葉が「ヤバイ」だけだと薄っぺらに見えます

語彙力アップに欠かせない
「出会う」「調べる」「覚える」

　語彙力アップを謳う本はたくさん出版されています。しかしその多くは、これから語彙を獲得していく人向けのものです。言葉や慣用句がたくさん載っていて「社会人になったあなた、さぁ、暗記しましょう！」というスタイルです。これはこれで大事な役割を担っているとは思います。

　しかし、ビジネスパーソンとしてすでに忙しく働いているあなたが、いくら語彙力低下を自覚しているとはいえ、それを覚えるために机に向かって一から勉強するのは現実的ではありません。

　忙しい毎日です。会議に出席しないといけないし、報告書も書かないといけない。懇親会や接待もあるでしょう。そんな毎日なのですから、**もっと日常に組み込むスタイルで、即戦力になる言葉を増やしたい**と思いませんか？

　そこで、この章では**多忙なビジネスパーソンに最適な、超実践的な語彙力アップの方法**を紹介していきます。

　大人が仕事で役立つ言葉を獲得するためには、3つの要素を意識する必要があります。**1つ目は、新しい言葉に「出会う」こと**。そのための機会を増やします。**2つ目は、知らない言葉を「調べる」こと**。意味がわかっていない言葉を使うことはできません。そして**3つ目は、脳に定着させて「覚える」こと**。

　この3つを意識することで、使える言葉のストックがどんどん増えていきます。1つずつ説明していきましょう。

語彙力を伸ばす3大要素

新しい言葉に
出会う

- 会　話
- 体　験
- 読　書
- アンテナを張る

知らない言葉を
調べる

- Web検索
- ChatGPT

脳に定着させて
覚える

- アウトプットする
- 「使える」状態にする

多忙なビジネスパーソンにぴったりの超実践的な方法を紹介します

【言葉に出会う①】 会話をする

最近、人と会話することが減ったと感じていませんか？

コロナ禍を境に、在宅ワークやオンラインミーティングを取り入れる企業が一気に増えました。**オンラインでやりとりする場合は、なるべく余計なことはしゃべらないほうがいいという空気感がある**ので、ちょっとしたことを話す機会がありません。

人との会話が減るということは、新しい言葉に出会うチャンスも減るということです。尊敬できる人と話をしていて、「素敵な言葉を使う方だな。ちょっと真似してみよう」と、自分の言葉に取り入れたことのある人もいるのではないでしょうか。でも会話の総量が減れば、新たに出会う言葉の量は減少してしまいます。

●意識しないと言葉はどんどん失われていく

もしかすると「スマホで外の世界に触れているし、SNSで会話もしているから大丈夫」と思う人もいるかもしれません。

しかし、その言葉は「ヤバイ」だったり、「草（ネット用語で「笑う」の意味）」だったり、簡略化されたものが多いのでは？　中には、絵文字やスタンプのやり取りだけで終えるケースも。

SNS上の大半を占める、素人が書いた文章を読むだけだと、どうしても**自分の枠を超えた言葉に出会うことは難しい**ものです。

私たちは、**意識しないとどんどん言葉を失っていく環境に置か**

れているという現実を、まずは自覚する必要があります。

●新鮮な人との会話は、飛び交う言葉も新鮮

　言葉に出会う機会が減っている今こそ、新鮮な言葉のシャワーを浴びるために、積極的に会話をしましょう。

　オンラインでも構いませんが、できれば会って会話をするのがおすすめです。対面での会話はオンラインに比べて内容が濃くなりやすいので、新しい言葉に出会える可能性が上がります。

　勉強会やセミナーなど、人に出会える場所へ足を運ぶのもおすすめです。ふだん関わっている人とは違う領域の人との会話は刺激的で、新たな言葉（学びを含む）の獲得も頻繁に起きます。

●「伝わる」「伝わらない」の練習に

　また、会話することは語彙力アップを促すだけではなく、言語化力を高めることにも直接的につながります。

　雑談や会話は、意外と奥が深く難しいもの。会議のような、話す目的がある場所では言語化が得意な人でも、特に目的がない雑談は苦手という人も少なくありません。

　雑談や会話は、相手の言葉や言外のしぐさを見ながらこちらの出方を臨機応変に変えなければ盛り上がりません。

　相手の反応がその場でわかるので「あれ、今の言葉じゃ伝わらなかったのか」「今の言い方が誤解を招いたのかな？」、「じゃあ、こういう言い方にしてみよう」というトレーニングが即座にできるのです。様々な人との雑談や会話は、言語化力アップにてきめんの効果をもたらす実践道場なのです。

【言葉に出会う②】 体験する

　たとえば、商品の魅力をプレゼンするとき。理屈だけを並べて説明する人と、そこに自分の体験を交えて熱っぽく語れる人とでは、どちらのほうが人の心を動かせるでしょうか？　当然、後者です。

　体験することで得た感覚や感情、情報などは、その人独自のものです。**オリジナリティのある言葉は人を惹きつけ、説得力を持って相手の胸に迫ります。**

　だから、様々な体験をしましょう。体験すればするほど、持っている言葉に奥行きが生まれ、深みも増していきます。

　体験は、どんなことでも構いません。山に登る、旅に出るなど大きな体験だけではなく、映画を観る、話題のレストランに行く、美術館に行く、セミナーに参加する、コンビニの新作スイーツを食べてみるなど、なんでもよいのです。ただし、大切なのは、**小さな体験であっても、その感想を色々な言葉で表現してみる**こと。

　たとえば、美術館で絵画を観たとき。「斬新な色使いだな」と思った場合に、「斬新」を他の言葉に置き換えてみる。あるいは、そもそも「斬新」が自分の気持ちを表す最適な言葉なのか考えてみる。しっくりこなければ辞書でぴったりの言葉を探してみる。すると、「深海を思わせるような深すぎる青」という言葉にたどり着くかもしれません。

　このように、新しい言葉に偶然出会うのを待つだけではなく、自ら積極的に言葉に出会いに行く意識を持つといいでしょう。

体験を言葉にしてみよう

感想を言う　　　　言い換える　　　　言葉に出会いに行く

色々なことを体験しよう

● 登山をする
● 旅行に行く
● キャンプをする
● ダイビングをする
● サウナに行く
● BBQをする
● テーマパークに行く
● 美術館に行く
● 博物館に行く
● 展示会に行く
● コンサートに行く
● 映画を観る

● セミナーに参加する
● 講演会を聴く
● 読書会に参加する
● 趣味のオフ会に参加する
● レストランに行く
● ホテルのラウンジに行く
● 回らない寿司屋に行く
● コンビニの
　新作スイーツを食べる
● ペットを飼う
● 植物を育てる
…etc.

大きなことから小さなことまで何でもOK。
意識すれば全てが学びになります

【言葉に出会う③】本を読む

　読書は、新しい言葉や情報の宝庫です。**優秀なビジネスマンは読書家であることが多く、**ビル・ゲイツは１年で50冊読むことを目標にしているそうです。

　読書のススメなんて、小学校のようなことを今さら言われたくないと思うかもしれません。しかし、読書によってビジネスパーソンにどれほどの差がつくのか、想像したことがありますか？

●年収が高い人は読書量が多い

　アメリカの「Business Management Degree」に、右上のような研究データが掲載されました。ビル・ゲイツやウォーレン・バフェットのような大富豪を含む富裕層と、年収300万円以下のビジネスマンの読書量を調べたものです。

　それによると、**富裕層の88％が１日30分以上ビジネス書などを読んでいるのに対して、年収300万円以下の人はわずか２％**とのこと。この明確な差を無視することはできません。

　おそらく富裕層は、読書を通じて、仕事や人生に役立つインプットを行なっているのでしょう。

　それでは、日本の場合の読書事情はどうでしょうか。

　2018年に「楽天ブックス」が実施した「上司と部下の読書事情に関する調査」の結果が右下の表です。

米富裕層と年収300万円以下の読書量の比較

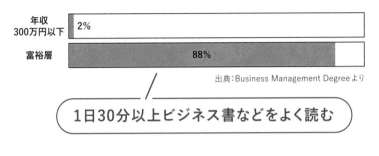

年収300万円以下	2%
富裕層	88%

出典：Business Management Degreeより

1日30分以上ビジネス書などをよく読む

日本のビジネスパーソンの月あたり読書量

月あたり読書量（年間読書量）	全体	管理職	若手社員
月10冊以上（年120冊以上）	3.9%	3%	5%
月8冊以上10冊未満（年96冊以上120冊未満）	3%	2.3%	4%
月6冊以上8冊未満（年72冊以上96冊未満）	2.1%	2%	2.3%
月4冊以上6冊未満（年48冊以上72冊未満）	5.9%	6.8%	4.7%
月2冊以上4冊未満（年24冊以上48冊未満）	8.4%	10%	6.3%
月1冊以上2冊未満（年12冊以上24冊未満）	15.9%	17.5%	13.7%
月1冊未満（年12冊未満）	18.7%	18.8%	18.7%
月0.5冊未満（年6冊未満）	42.1%	39.8%	45.3%

多 ↑ 読書量 ↓ 少

出典：楽天ブックス調査より

全体の6割が「月1冊未満」の読書量

この調査は、管理職400人、若手社員（役職に就いていない20代前半の社員）300人の合計700人を対象に行なわれました。

　それによると、**なんと全体の6割が、「月に読む本が1冊未満」であることがわかった**のです。これは「月に10冊以上の本を読む人」（3.9％）の15倍以上にのぼります。

　残念な結果ですが、見方を変えれば、これは大きなチャンスとも言えます。読書量を増やすことによって、新しい言葉や情報に出会えるチャンスが一気に広がるからです。そのうえ、年収が増える可能性も秘めているわけです。

　そして、読書をしないビジネスパーソンが多いなか、あなたは今、本書を読んでいます。その時点で、**すでに一歩抜きん出ている**のです。この先、読書量を増やしていくことで、さらに大きなリターンを得ることができるでしょう。

●「アクティブ・リーディング」で読書の生産性を上げる

　そんな努力家のあなたにこそ、ぜひ知っておいてもらいたいことがあります。それは、読書タイムの生産性をより高いものにする方法「**アクティブ・リーディング**」です。せっかく大事な時間を使って読書をするわけです。1冊の本から効率よく言葉や情報を獲得して、なおかつ、忘れないようにしたいですよね。

　アクティブ・リーディングを実践することで、本に載っている言葉や情報が頭に入りやすくなり、記憶への定着率も高まります。

　セミナーにたとえるなら、講師が一方的に話す講義スタイルではなく、講師に質問したり、参加者同士で話し合ったりしながら、しっかりと知識を深めていくスタイルに似ています。

読書の生産性を上げる 「アクティブ・リーディング」のやり方

1 「自分がこの文章を読む目的」を考えながら読む

2 目次や小見出しが ある場合は、事前に 目を通す（全体を把握する）

> 事前に、Amazon などのレビューに 目を通す方法も有効

3 読み終えたらアウトプットする （書く・話す・説明する）と 決めて読む

4 「なぜ?」「何が?」「どういう意味?」など つっこみを入れながら読む

5 記憶に残したいところや大事なポイントに、 線やマーカーを引く

6 読み終えたら実際にアウトプットする

> ● SNSに感想を書く　● Amazonなどにレビューを書く
> ● ノートに気づきや学びをまとめる　● 誰かに感想を話す

本のレベルは「ちょっと難しい」がgood。
7割は既知情報、3割は新規情報が理想

【言葉に出会う④】
脳内アンテナを張る

　会話や体験、読書によって、新しい言葉を増やしましょうとお伝えしてきました。そこでこの項では、言葉と出会う確度を高めるテクニックを紹介します。

●意識していないと見過ごす

　ちょっと実験してみましょう。今から10秒間で、あなたの身の回りにある「赤いもの」を3つ探してください。

　……探しましたか？

　それでは、身の回りにある「青いもの」を3つ答えてください。「赤いもの」を探したあなたは、ひとつも答えられないかもしれません。おそらくあなたは実感したのではないでしょうか。「人間は意識しているものは目に入ってくるけれど、意識していなければ、その多くを見過ごしている」ということを。

　これには、脳機能のひとつである「RAS（ラス）」が関係しています。人間は、目や耳などから入ってくる情報を、無意識のうちに取捨選択しています。簡単に言うと、自分が意識していない情報はフィルターをかけてカットし、逆に意識している情報は「大事な情報」と判断し、積極的に脳に取り込んでいきます。これがRASの特徴です。

　RASを賢く活用することによって、自分にとって必要性の高い言葉や情報を、集中的に集められるようになります。

　具体的には、**集めたい情報を書き出す**ことをおすすめします。「書く＝脳内にアンテナを張る」です。書き出すことで、脳の情報収集態勢がアップデートされ、必要な情報が次から次へとアンテナに吸い寄せられてきます。

　たとえば、あなたが携わる新しいプロジェクトのターゲットが10代の若者だとします。彼らの趣味嗜好を探るため、「10代、ブーム、好きなアーティスト、遊びに行く場所、目標や夢」など、ターゲットを知るための関連ワードを書き出します。

　書き出した瞬間に、脳内にピーンとアンテナが張られ、関連情報が勝手に舞い込み始めます。また、「10代　ブーム」で積極的にスマホ検索するなど、（アンテナに従って）本人の行動も変化します。

　常に脳内にアンテナを張っている人と、そうでない人の情報獲得量には大きな差が生まれます。すぐに使える言葉や情報を効率よく収集することによって、話したり書いたりする際の言葉選びの苦労が減り、実のある内容を伝えられるようになります。

脳内にアンテナを張る＝書き出す

↓

意識が強化される

↓

関連する言葉や情報が
自然と集まってくる

【言葉を調べる】
辞書やChatGPTを活用する

　語彙力が高い人ほど言葉に対して敏感です。この言葉は本当に正しいのだろうか、この言葉の定義を自分は理解しているだろうか、ほかに適切な言葉はないだろうかと。

　意味があやふやな言葉に出会ったとき、彼らは「正しく言葉を知るチャンス」とばかりに必ず調べます。**知らない言葉を放置せずに意味を調べるというのは、語彙力アップの基本動作なのです。**

　ひと昔前は、紙の辞書で調べるしかありませんでした。しかし、今はスマホがあります。わざわざ辞書を持ち運ばなくても、**気になる言葉をいつでも調べることができます。**

　Web辞書や検索エンジンなどだけではなく、ChatGPTも便利です（ChatGPTで語彙力を増やす方法はp66を参照）。

　スマホで言葉を調べる方法を3つ紹介します。

●「〜とは」検索をする

　言葉を調べるやり方の中でも、**一番手軽なのは「とは検索」と呼ばれるもの**です。知りたい言葉の後ろに「とは」をつけてWeb検索をする方法です。

　たとえば、「リテラシーとは」とか、「リソースとは」のように入力します。そうすると、検索結果の大体上位5つぐらいは、その言葉の意味について解説したサイトが表示されます。

　検索する対象は、まったく知らない言葉だけではなく、ちょっと意味が曖昧な言葉も含めることをおすすめします。なんとなく

わかっているけど、人に説明できるほどではない言葉ってけっこうありませんか？　それらの言葉をぜひ検索してみてください。

● 「類語」を調べる

言葉を適切に使うためには、大意は同じだけど、**実は微妙にニュアンスが異なる言葉のストックを増やす**ことが大切です。つまり、類語をたくさん知っておこうということです。

検索窓に「○○　類語」と打ち込めば、類語がたくさん表示されます。たとえば、「そそっかしい」という言葉。類語をGoogleで調べると、「疎放」「うかつ」「粗忽」「不注意」「卒爾」「いい加減」などが出てきます。すると、「そそっかしい」よりも「うかつ」のほうがこの場面には合っている、と気づけたりするのです。

「疎放」や「粗忽」「卒爾」なんて、ほとんどなじみがない言葉ですよね。類語を調べることで、新たな言葉に出会う機会も激増します（一例として、ビジネスシーンで使える感情表現の言い換え語を次のページに載せておくのでチェックしてみてください）。

● 「対義語・反対語」を調べる

類語と同じように、対義語や反対語を調べることもおすすめします。「○○　対義語」と検索すれば結果が表示されます。たとえば、「几帳面」の対義語を調べてみると「ずぼら」が出てきます。

対義語を調べることによって、言葉のストックが増えるだけではなく、言語化するときに「几帳面な人はこうです。一方、ずぼらな人はこうです」と、**対比させることができるので、相手の理解が深まりやすく**なります。

「喜怒哀楽」の言い換え語

喜

- 歓喜する
- 喜悦
- 有頂天
- 感激
- 感動
- 胸を躍らせる
- 光栄
- 嬉しい限り
- 悦に入る
- 喜びに堪えない
- 心が弾む
- 喜ばしい
- 嬉しく存じます
- 愉悦
- 満悦
- 陶酔
- 満喫する
- 喜び勇む

怒

- 激昂
- 激怒
- 憤る
- 憤慨
- 憤怒
- 怒り心頭
- 立腹
- 腹を立てる
- 不機嫌
- いら立つ
- 頭に血が上る
- 逆上する
- 叱咤
- 叱責
- 責め立てる
- 嫌悪
- 督責
- 逆鱗に触れる

感情表現のインプット先には「小説」もおすすめ。
多種多様な表現に出会うことができます

哀

- 悲嘆する
- 悲嘆に暮れる
- もの悲しい
- うら悲しい
- 悲痛
- 悲哀
- 沈痛
- 哀れ気
- 切ない
- 心が痛む
- 辛い
- やるせない
- やりきれない
- 胸が締め付けられる
- 嘆く
- 憂い
- 気の毒
- 可哀想

楽

- 魅力的
- 興奮する
- 興味をそそる
- エキサイティングな
- ユーモアがある
- 充実感がある
- ゾーンに入る
- 没頭する
- 高揚する
- 刺激的
- 愉快
- 痛快
- 心躍る
- ワクワクする
- 心地よい
- 満足のいく
- アツい
- 胸アツ

【言葉を覚える①】アウトプットする

　新しい言葉に出会い、意味を調べて、覚える。

　これが語彙力を伸ばすプロセスですが、実は最後の**「覚える」こそが最大の壁であり、本当に語彙力が向上するかどうかのカギを握っています。**大切なのは、調べたその瞬間に「よし覚えたOK」で終わりにしないこと。どういうことか説明しましょう。

●「覚えたつもり」は覚えていない

　その瞬間はしっかり覚えたとしても、時間がたてば次第に忘れていきます。これは脳の自然な仕組みです。仕事をしていると、多種多様な情報が次々と頭の中になだれこんできます。脳はそれらの情報を取捨選択しながら、よく使う情報は「想起できる状態で記憶」し、使っていない情報は想起できなくしてしまいます。

　これは逆に言うと、**「よく使う情報は忘れない」**ということ。その情報を頻繁に使いさえすれば、脳はそれを「大事な情報」と認識して、いつでも想起できる形で脳に定着させてくれるのです。

［**使わない情報**］

抜けていく

［使う情報］

記憶として定着する

●使う＝アウトプットする

それでは「使う」とは、どういうことでしょうか。

それは、脳内で待機させず、引っ張り出してくる。話したり、書いたり、人に教えてみたりする。つまり、アウトプットするということ。頻繁にアウトプットした事柄は、長期記憶に保存され、あなたの血肉（＝いつでも使える言葉）となります。

●インプット→アウトプットの速さが大事

新しい言葉をインプットしたら間髪を入れずに、アウトプットすることをおすすめします。目安は30分以内です。

さらに、2週間に3回以上アウトプットするとよいでしょう。インプットから2週間で何度も使われた情報は、「重要な情報」だと脳が認識し、「側頭葉」の長期記憶に保存されます。

IN → OUT の速さが大事！

インプット 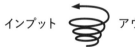 アウトプット

**言葉を獲得したら
間髪入れず、使ってみる**

| 目安は30分 | | 話す・書く・行動する |

知識としてでなく体験として身に付く➡語彙力アップ

【言葉を覚える②】
「使える」状態にする

「覚える」ということにおいて、お伝えしておきたい大事なことがあります。

それは「覚える＝使える」とは限らないということ。

この章のサブタイトルは、『「使える言葉」を増やす』です。その本当の意味を説明しましょう。

●言葉を暗記するだけではダメ

私は文章の専門家なので、文章を書くときはもちろん、文章講座の生徒さんに教えたり、企業研修を行なったりするときにも、たくさんの言葉を必要としています。いつでも、その場面、その人にドンピシャな言葉を使いたいと考えています。

だから、本をたくさん読みますし、今でも多い時は1日に10回以上、言葉の意味を調べます。日々、インプットをするために地道な努力を続けています。

でも、調べて終わりにはしません。「インプットして完了」ではないのです。なぜなら、本当の語彙力というのは、ただ言葉を知っていればいいというものではないからです。

私が思う「本当の語彙力」は、「言語活用能力」です。つまり、インプットした言葉を、TPOに合わせて使いこなせるようになること。そこまでできて初めて、「語彙力が高い」と言えるのです。

●「言葉を知っている＝使える」ではない

「言葉を知っていれば使えるのでは？」と思うかもしれませんが、本当にそうでしょうか。

たとえば、「矜持」という言葉。これはプライドや誇りなどを意味する言葉です。こんな感じの、ちょっと難しい言葉ってたくさんありますよね。それらを**知識として知っている人は多いと思いますが、ふだんから使っているでしょうか？**

これは、クローゼットの中の洋服にたとえられます。クローゼットにあるということは、それらは確かにあなたのものなのでしょう。しかし、持ってはいるけど着ていない服がたくさんあるのではないですか？

結局、手前にあるものばかりを使い回して、奥にしまいこんだものは使わない。そういう状態ではないでしょうか。

言葉も、これと同じです。

脳の奥のほうに追いやってしまうと、取り出すことができなくなってしまいます。貴重な容量を使っているのに、自分では取り出せないとしたら……本末転倒です。脳内にはあるわけですから、せめて必要なときに取り出せる状態にしておきたいものです。

そのためにできることは、**逆説的に聞こえるかもしれませんが「とにかく使う」**ことです。使えば使うほど取り出しやすい位置に移動します。必要に応じてサッと取り出せるようになります。

POINT 09

言葉は知っているのに「語彙力」がない理由

　先程の項目で説明した「言葉を知っている＝使えるではない」という話。とても大事なことなので、もう少し説明させてください。

　実は語彙には２種類あります。

　１つは「理解語彙」。もう１つは「使用語彙」です。言葉を知っていても使えない理由はここにあります。

●真価が問われるのは「使用語彙」

　理解語彙というのは、知識として理解している言葉のことです。頭の中にストックされているので、誰かがその言葉を発したときには意味を理解することができます。

　対して、**使用語彙というのは、自分がふだんから使っている言葉**のことです。話したり書いたりするときに使う言葉です。

　どちらも、幼少期からどんどん増えていきますが、社会に出たときに真価が問われるのは使用語彙のほうです。なぜなら、**使用語彙が豊富な人ほど、さまざまな言葉を使って表現豊かに、明快に、すらすらと言語化できる**からです。

［理解語彙］	［使用語彙］
●知識として頭の中にある言葉	●ふだんから使っている言葉
●見聞きしたときに理解できる	●自分が使うときも理解できる

それでは、ここで質問です。
次のうち、語彙力が高い人はどちらでしょうか？

A　理解語彙が500、使用語彙が100の人
B　理解語彙が300、使用語彙が150の人

答えは**B**です。

どんなに言葉をたくさん知っていても、それを自分で使いこなせていなければ、語彙力が高いとは言えません。

もちろん、理解語彙は多いに越したことはありません。言葉の意味を知っていれば、本を読んだり話を聞いたり、インプットする際の苦労を減らすことができます。

しかし、いくら理解語彙が豊富でも使用語彙が乏しければ、アウトプットで苦労を強いられます。脳の奥にしまいこんだ言葉を取り出せず、使うのは、手前にある安易な言葉ばかり。**周りから「語彙力がない人」だと思われている**恐れすらあります。

理解語彙を使用語彙にするためには、失敗を恐れずにどんどん使っていく。これ以外に方法はありません。**アウトプットして使用語彙を豊かにしていく**のです。実践で「使える言葉」の数を増やしていくことが、真の語彙力アップと心得ておきましょう。

楽しい言語化トレーニング❶
「使える言葉」を増やすゲーム

ここからは、楽しみながら語彙力を高められる
ゲームを紹介していきます。
どれも隙間時間でできるものです。
1日1つ、気になるものからやってみましょう。
ひとりでもできますが、ゲーム感覚で友達や家族と一緒に、
楽しみながらチャレンジするとさらに効果的です。
なお、ゲームのタイトル横に
ChatGPT のマークがついているものは、
ChatGPT を使って取り組めるものです。
詳しくはp66〜の
「ChatGPT で『語彙力』トレーニング」をご参照ください。

❶言葉の置き換えゲーム ChatGPT

　お題である1つの単語を、別の言葉に置き換えて表現していきます。時間を区切って、たくさん書き出しましょう。

【例題】
元気な人

【解答例】
明るい人、愉快な人、いつも大声な人……

やってみよう！
次の言葉を他の言葉で
置き換えよう

【お題】
勇気のある人

　　　　　　解答例は次のページ！

【解答例】

- 勇ましい人
- 勇敢な人
- 勇者
- 恐れ知らずの人
- 決断力のある人
- 立ち向かう力がある人
- 困難にも屈しない人
- 不屈の精神の持ち主
- 度胸のある人
- 挑戦者
- チャレンジャー
- 挑戦的な人
- リスクを恐れない人
- 強靭な意志の持ち主
- 勇壮な人
- 勇猛果敢な人
- 豪胆な人
- 剛胆な人
- 豪勇な人

- 剛勇な人
- 豪毅な人
- 剛毅な人
- 蛮勇な人
- 放胆な人
- くじけない人
- 大胆不敵な人
- 冒険心のある人
- 不撓不屈の人
- 堅忍不抜の人
- 無鉄砲な人
- 諦めない人
- 固い信念の持ち主
- 命知らずの人
- 向こう見ずな人
- 堂々たる人
- 肝っ玉が据わった人
- 逆境に強い人

他にも、自分でいろんなお題を出してやってみましょう

❷連想（ワードアソシエーション）ゲーム　ChatGPT

　1つの単語から思い浮かぶ言葉を、時間を決めてできるだけ多く書き出してみましょう。様々な角度から連想することで言葉が出てきやすくなります。

【例題】
夏休み

【解答例】
海、入道雲、宿題、家族サービス……

やってみよう！
次の言葉から連想してみよう

【お題】
りんご

解答例は次のページ！

【解答例】

- りんごの木
- りんご園
- ばら科の落葉高木
- カロリー低め
- りんごの花
- りんごの実
- りんご酢
- りんご酒
- シードル（お酒）
- スムージー
- 酸味
- 甘酸っぱい
- りんごうさぎ（切り方）
- 赤
- 青
- ふじ・王林・
  ジョナゴールド（ブランド）
- 食物繊維
- 果樹園

- ドライアップル
  （乾燥させたりんご）
- 焼きりんご
- りんご病
- アップルソース
- アップルパイ
  （デザート）
- 煮りんご
- エデンの知恵の実
  （りんごに似ている?）
- ウィリアム・テル
  （少年の頭に乗せたりんごを弓矢
  で射抜く）
- Apple（企業）
- ハイヒール・リンゴ
  （芸人）
- ニュートン
  （りんごの実が木から落ちるのを見て
  「万有引力の法則」を発見）

五感、品種、人物など、角度を変えて連想できましたか?

❸韻を踏むゲーム

ラッパーのように、お題の単語に母音を合わせて韻を踏んでいきます。時間を決めて書き出してみましょう。声に出しながらやるといいですよ。

【例題】
野菜（YASAI）

【解答例】
火災（KASAI）、多彩（TASAI）、
ザーサイ（ZASAI）……

やってみよう！
次の言葉と
韻を踏む語を書き出そう

【お題】
倉庫（SOKO）

＊韻を踏むときは、完璧な一致だけでなく、
聞こえる音やアクセント、強弱、リズムなどの要素も考慮し、
韻を踏めていると感じればOKです。

解答例は次のページ！

【解答例】

- 往古
- 横行
- 公庫
- 考古
- 高校
- 口腔
- 航行
- 後攻
- 孝行
- 皇后
- 煌々
- ゴーゴー
- 装甲
- 速攻

- 即効
- 走行
- 壮行
- 奏功
- 草稿
- 投稿
- 登校
- 投降
- 動向
- 瞳孔
- 同行
- 濃厚
- 農耕
- 農工

- ノーコン
- 宝庫
- 方向
- 芳香
- 咆哮
- 奉公
- 縫合
- 猛虎
- 猛攻
- 要項
- 要綱
- 陽光
- 老虎
- 牢固

- 老狐
- 老公
- 老後
- 強豪
- 条項
- 乗降
- 上皇
- 昇降
- 商工
- 将校
- 消耗
- 共同
- 丁度
- 候

脳の片隅にある言葉が掘り起こされて
理解語彙が使用語彙に変わっていきます

❹説明ゲーム ［ChatGPT］

これは、誰かと一緒にやるゲームです。1人がある言葉を思い浮かべ、その言葉について詳しく説明します。それを聞いたもう1人が、その言葉が何かを当てます。ChatGPTを使えば1人でもゲームを楽しめます（p69参照）。ここでは「お題」の言葉を説明する練習をしてみましょう。

【例題（頭に思い浮かべる言葉）】
モニター

【説明例】
パソコンやテレビなどの画面が映る部分にあたるハードウェア。商品を試す人の意味で使われることもある

やってみよう！
次の言葉を説明してみよう

【お題（頭に思い浮かべる言葉）】
文房具

解答例は次のページ！

63

【説明例】

文章を書いたり、書類を作成したり、本を読んだりと、情報のインプットやアウトプットのときに使う道具。書斎や仕事場にあることが多い。たとえば、えんぴつ、万年筆、メモ帳、ふせん、のり、ホチキス、クリアファイルなど。

説明するほうは、抽象的な言葉を、具体的な言葉にする練習に。
当てる方は、情報を要約して単語で示す練習になります

❺なりきり文筆家ゲーム

あなたが憧れる「この人のような文章を書きたい」と思った文章をそっくりそのまま、手書きで書き写してみましょう。

【書き写す対象】
あなたが憧れる文章

【書き写すメリット】

書き写した文章が、元の文章と、一字一句、間違えず（アレンジせず）に書けていればOKです。これにより、下記のようなことが身に付きます。

☐ 様々な知識
☐ 慣用表現や四字熟語など
☐ 文体や文法
☐ 言葉や表現の選び方
☐ 文章のリズム、句読点の打ち方
☐ 文章の切り口、論点の作り方
☐ 著者の考えや意見、思想とその示し方
☐ 理由や根拠の示し方（説得力の高め方）

タイピング入力よりも手書きがおすすめ。
言葉やリズムを体で覚えやすくなります

ChatGPTで
「語彙力」トレーニング

■言葉を「インプット」するためにも使える

アウトプットの効率と生産性を高めるために、ChatGPTを利用する人が増えてきています。例として、自らの文章をChatGPTに作成してもらうという方法があります。

しかし、私は**ChatGPTをアウトプットだけでなく、インプットの手段としてもおすすめ**しています。

本書のp46で触れたように、知らない言葉を調べる際にChatGPTはとても便利。

「△△の類語を教えて」と入力すれば、即座に類語のリストが表示されますし、その中でわからない言葉があれば、「この□□について詳しく教えて」と、さらに深掘りすることもできます。

しかしながら、**ChatGPTが提供する回答の中には誤情報や不正確な情報も含まれることがあるので、その点は注意が必要です。**

広く認知されている一般知識は比較的正確ですが、特定の専門分野や、特定の人・事柄などでは、正確性を欠いた情報を提供することもあります。

したがって、差し出された回答を盲信せず、自ら情報の正誤を確認することが肝心です。このプロセスを踏むことによって、より質の高いインプットが期待できます。

●言葉の置き換えゲーム（p57参照）

【お題】「勇気のある人」

【プロンプト例】

次の言葉を別の言葉に置き換えて、なるべくたくさん挙げてください。
「勇気のある人」

【ChatGPT 解答例】

 もちろんです!「勇気のある人」を表すさまざまな言葉や表現を以下に挙げてみましょう:

1. 勇敢な人
2. 大胆な者
3. 不屈の精神を持つ人
4. 勇敢な個体
5. 勇気を持った人
6. 勇往邁進の人
7. 恐れ知らずの人
8. 果敢な人
9. 強心臓の人
10. 勇士
11. 不怖の人
12. 無敵の人
13. 賭ける人
14. 逆境に立ち向かう人
15. 胆力を持つ人
16. 勇気ある魂
17. 忍耐強い人
18. 前向きな人
19. 冒険心旺盛な人
20. 強い意志を持つ人

あなたは、ChatGPTより適切な言葉を
より多く思いつきましたか?

●連想（ワードアソシエーション）ゲーム（p59参照）

【お題】ChatGPT に提案してもらいます。

【プロンプト例】

#設定
あなた（ChatGPT）は私の連想（ワードアソシエーション）ゲームの相手です。
#連想ゲームの説明
連想ゲームとは、ひとつの言葉から連想する言葉を交互に挙げていくゲームです。
#ゲームのやり方
あなたが言葉を書いたらゲームスタートです。あなたが書いた言葉から連想する言葉を私が書きます。次に、あなたが、その言葉から連想する言葉を書きます。これを交互に5回くり返します。
#補足
交互に5回くり返したら、ゲーム終了です。ゲーム内容について総評してください。

【ChatGPT とのやりとり例】

> 了解しました！連想ゲームを始めましょう。最初の言葉は「太陽」です。あなたからの連想をお待ちしています。

> KE　黒点

> 「黒点」から連想する言葉は「太陽活動」です。あなたの次の言葉は何でしょうか？

> KE　宇宙

やりとり例です！　楽しんでやってください

●説明ゲーム（p63参照）

【お題】ChatGPT に提案してもらいます。

【プロンプト例】

#前提
「説明ゲーム」とは、あなた（ChatGPT）が説明したことについて、それが何の説明であるかを私が当てるゲームです。
#指示
あなたと「説明ゲーム」をします。
#補足
私が「ヒントをください」と書いたら、ヒントをください。
#補足
私が「難しくしてください」と書いたら、問題の難易度を上げてください。
#補足
説明ゲーム終了後に、あなたは、今回の説明ゲームのやり取りについて総評してください。

そのプロンプトがどんな役割なのかを#で書いておくと、
ChatGPT が理解しやすくなります

ChatGPTとの対話例は？ ➡

【ChatGPT との対話例】

 了解しました！では、説明ゲームを始めましょう。最初の説明です：

説明：これは日本の伝統的な美術品で、特に茶道で使用されます。通常、陶器や磁器で作られ、様々なデザインがあります。一般的には、茶を点てたり、飲むのに使用されます。これは何でしょう？

あなたの推測をお待ちしています！

 茶碗

 正解です！その通り、これは茶碗です。茶道で使用される重要な道具の一つです。次の説明に進みましょう：

説明：これは日常生活で使われる小さな家電製品で、主に食材を切ったり混ぜたりするのに使います。一般的には、回転する刃を持つものと、ボウル状の容器がセットになっています。料理を作る際に非常に便利なアイテムです。これは何でしょう？

あなたの推測をお待ちしています！

 フードプロセッサー

 正解です！それはフードプロセッサーです。これは料理の準備に役立つ便利なキッチンアプライアンスです。

次の説明に進みましょう：

説明：これは日本の武道の一つで、木刀や竹刀を使用して相手と戦うスポーツです。練習や競技の際には、特別な防具を身につけます。攻撃と防御の技術が重要で、精神的な集中力も要求されます。
何でしょう？

「わかっているのに、言葉が出てこない」という症状を
改善へと向かわせる効果もあります

「具体化力」を鍛える

—情報の「解像度」を上げるには—

具体的でない情報

犬がこっちを見ている。

解像度が低い

具体的な情報

気温が35度を超えた昼下がり。
大きな家の門の向こうで、舌を出し、
ハアハア言いながら
よだれを垂らしているブルドッグが、
地面に突っ伏してこちらを見ている。

解像度が高い

「画像」としてイメージできなければ
そもそも正確に人に伝えることはできません

具体化とは
「言葉の解像度を上げる」こと

「言っていることがぼんやりしていて（ふわっとしていて）、よくわからない」「企画の細部が詰まっておらず、イメージしにくい」。**こんな状態を「解像度が低い」と呼ぶ**ことがあります。

解像度というのは、もともとは、ディスプレイや画像において、画素やドットの「密度」を示す指標のことです。

「解像度が低い＝密度が低い」と、画像はガタつき粗くなり、不鮮明になります。

逆に**「解像度が高い＝密度が高い」と、細部までくっきりと見える、鮮明な画像になる**わけです。

言語化のSTEP2である「具体化」も、それと似ています。具体化とは、言葉の解像度を高めるプロセスにほかなりません。

仮に、ざっくりした（＝低解像度な）情報が1つしかない場合、相手にはぼんやりしたことしか伝わりません。抽象的すぎるため、頭に浮かべるイメージがお互いに異なることもあります。

反対に、具体的な情報が3つでもあれば、相手は"それ"をイメージしやすくなります。すると、**自分が伝えたいことと、相手が受け取ることのズレが減り、コミュニケーションにおける誤解が生まれにくくなります。**言葉の解像度を上げていく具体化の作業は、言語化の最重要トピックと言っても過言ではないのです。

具体化とは解像度を高めること

解像度が低い

- 不明瞭(不鮮明)
- 誤解されやすい
- 具体性がなく、具体例も少ない
- (話が見えず)ストレスがある
- 頭の中が整理されていない
- 選択肢が少ない
  (=選択・判断・行動できない)
- 論理が崩れやすい
  (筋道が立ちにくい)
- 周りにシェアしにくい

解像度が高い

- 明瞭(鮮明)
- 誤解されにくい
- 具体性があり、具体例も豊富
- (話がよく見えて)ストレスがない
- 頭の中が整理されている
- 選択肢が多い
  (=選択・判断・行動できる)
- 論理的である
  (筋道が立っている)
- 周りにシェアしやすい

言語化の本丸は、「具体化」にあり

「具体化」と「伝え方」の関係性がよくわからないという人もいると思います。"具体的に" というのは、STEP3の「伝え方の話ではないの?」と。たしかに、そういう考え方もあります。

しかし、私が考える「具体化」とは、「最終的にどの情報を、どうやって伝えるかを考えるために、いったん、提供可能な情報を細かく分解する作業」のことを指します。

そもそも、**人は自分でもよくわかっていないことを、誰かに伝えることはできません。**

つまり、言語化が苦手な人の多くは、**「伝え方」が下手なのではなく、そもそも「伝える情報が頭の中にイメージできてない」**のです。

そのことに気づかない限り、どんなに伝え方のテクニックを学んでも意味がありません。ゼロには、何を掛けてもゼロです。工夫しようにも、元となるものがない状態です。相手に伝わらないのも当然だと言えるでしょう。

私はSTEP1～3の中でも特にこのSTEP2を重視しています。「具体化」の仕方を身に付けて、日頃から実践していけば、どんな人でも必ず言語化力は伸びていきます。

モヤモヤした、自分でもわかっていないことを
人に伝えることはできません

具体化できていない情報は、伝わらない

具体化できていない

モヤモヤ

$$0 \times \text{伝え方のテクニック} = 0$$

何も
伝わらない

自分でもよく
わかっていない

具体化できている

$$\text{具体化情報} \times \text{伝え方のテクニック} = \infty$$

最大限
伝わる!

細かい情報まで
把握している

POINT 03

好きなことなら、
具体的に語れるのはなぜか?

「何を言いたいのか……自分でもよくわからない」。

どうしてそんな状態に陥ってしまうのでしょうか?

「自分は頭の中を整理するのが苦手だから」「もとから自分の意見というのがあまりないから」——そんな風に肩を落とす人もいるかもしれません。でも、大丈夫です。**解像度を高めて具体化できるテーマは、(あなたを含め)どんな人にもあるのです。**

●興味があることはしゃべれる

たとえば同僚と飲んでいるとき。格闘技の話題になりました。格闘技好きのAさんは饒舌に語っています。技がどうだの、選手がどうだの、激アツだった試合がどうだの。でも、あなたは格闘技に興味がありません。だから、「へ〜」「やばいね」「うんうん」。このくらいしか会話に入っていけません。「どう思う?」なんて聞かれても、特に何も思い浮かびません。

しかし、しばらくすると今度はサッカーの話になりました。あなたはサッカーが大好きです。**「キタ!」という感じで、あなたは語り始めるでしょう。**欧州で話題の選手、好きなチーム、好きな監督や戦術についてなど。仲間の質問にもサクサク答えます。どうすれば日本は強くなるのか。どんなプレーを追求すべきなのか。あなたは自分のアイディアや考えをスラスラ語ることができます。

この例から、どんなことが言えるでしょうか?

答えは実にシンプル。

「人は誰でも、興味があることなら情報を豊富にもっていて具体的に語れる」ということです。

● 常に「なぜ?」を意識する

興味があることを生き生きと饒舌に語れるのは、興味があることは「なぜ○○はこんなに○○なのだろう」と細部まで具体的に観察したり調べたりしているからでしょう。さらに"思い"も強い分、いろいろな感情も湧いてくる。それらをアウトプットしているとき、その人は自然と具体化をしているのです。

言語化力を伸ばしたいなら、興味のあることに対して無意識にやっている「細かい情報を具体的に洗い出す」作業を、あらゆるジャンルやテーマで、より意識的に実践していけばよいのです。具体化力が高まるほどに、言語化力もアップしていきます。

細かい情報を持つためには、
日常で「なぜ?」を意識するとよい

なぜこの主人公はこんな行動を?

なぜ部長は私を指名した?

なぜこの店はいつも混んでいる?

「事実」はまず
「5W3H」で具体化する

「細かい情報を具体的に持つ」。そのために、真っ先にすべきことは、「5W3H」を使うことです。

「5W3H」というのは、「When（いつ）」「Where（どこで）」「Who（誰が）」「What（何を）」「Why（なぜ）」「How（どのように）」「How many（どのくらい）」「How much（いくら）」で、情報をわかりやすく伝えるための基本です。

上司に何か報告をしたときに、「それってどういうこと？」「ちょっと、わからないところがあったんだけど」などと聞き返される場合は、大抵この「5W3H」のどれかが抜けています。

また、言葉で伝える場合なら、相手が「どういうこと？」とその場で質問してくれる可能性が高いので、その場で不足を補うことができます。しかし、文章の場合はそうもいきません。

たとえば、新サービスの案内メールを取引先各位に送った場合。もし、受け取った人がそのサービス内容に少し興味を示したとしても、肝心のサービス開始日時が漏れていれば、わざわざ問い合わせすることもなく、記憶の片隅においやってしまうでしょう。

これでは、せっかくの努力が台無しです。努力を無駄にしないためにも、特に「事実」を具体的に洗い出す際の「5W3H」に抜け落ちがないか、しっかり確認しましょう。

ここからは5W3Hを使って具体化する練習をしていきます。

事実を具体化するときは「5W3H」を使う

When＝**いつ・いつまでに**（期限・期間・時期・日程・時間）

Where＝**どこで・どこへ・どこから**（場所）

Who＝**誰が・誰に**（主体者・対象者・担当・役割）

What＝**何を・何が**（目的・目標・用件）

Why＝**なぜ・どうして**（目的・理由・根拠・原因）

How＝**どのように**（方法・手段・手順・様態・様子）

How many＝**どのくらい**（程度・数量）

How much＝**いくら**（価格・費用）

全てが当てはまらないこともありますが、
まずは当てはめてみる姿勢が大事です

特に こんな場面で 使える！	●業務日誌を書く ●進捗報告 ●トラブル報告	●イベント告知 ●業務依頼 ●業務連絡…etc.

実践！やってみよう
【トラブル報告メール】

　あなたは新製品のプロジェクトリーダーです。ところが、製造に必要な部品の納品が遅れています。このままでは、販売に間に合わなくなりそうです。部下に状況を報告するように伝えたところ、下記のようなメールが届きました。

　より分かりやすく伝えるためには、どのような情報を入れるといいでしょうか？

●報告メールNG例

> ○○様
>
> お疲れ様です。
> 中国の工場において、トラブルが発生していることが判明しました。給料の賃上げを要求しています。そのため、製品の製造に遅れが出ております。
>
> よろしくお願いします。

情報を5W3Hで具体化するには

自分ならどんなことを知りたいか考えながら
5W3Hをフックにして必要な要素を書き出してみましょう

When:

Where:

Who:

What:

Why:

How:

How many:

How much:

●NG例はここがダメ！

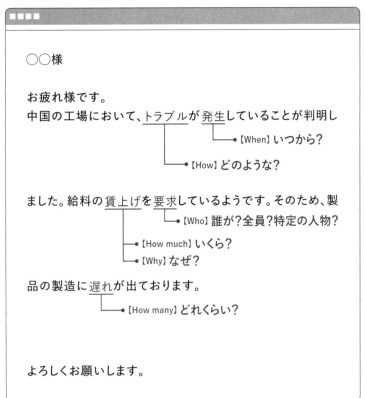

○○様

お疲れ様です。
中国の工場において、トラブルが発生していることが判明し
- トラブル → 【How】どのような?
- 発生 → 【When】いつから?

ました。給料の賃上げを要求しているようです。そのため、製
- 賃上げ → 【Who】誰が?全員?特定の人物?
- 要求 → 【How much】いくら?【Why】なぜ?

品の製造に遅れが出ております。
- 遅れ → 【How many】どれくらい?

よろしくお願いします。

5W3Hで具体化

When	11月1日（トラブル発生日時）
Where	中国の工場
Who	現地の従業員全員が
What	賃上げを要求している
Why	残業が常態化していることに不満がある
How	ストライキを行なっている
How many	5日間の遅れ
How much	現在の1.5倍の給料を要求

●報告メールOK例

○○様

お疲れ様です。
中国の工場において11月1日からトラブルが発生していることが判明しました。残業が常態化していることに不満をもつ現地の従業員全員が、現在の1.5倍の賃上げを要求し、ストライキを行なっています。
そのため、製品の製造に5日間の遅れが出ております。

よろしくお願いします。

実践！やってみよう
【イベント告知文】

　社内の掲示板に、下のような告知文書が掲示されているのが目に留まりました。「ChatGPTのセミナー開催」のお知らせです。興味があるので参加しようと思うのですが、必要な情報は足りているでしょうか？

● 告知文NG例

ChatGPT活用セミナーを開催！

B大学C先生

【開催日】12月1日
【場所】会議室A

未来のビジネスコミュニケーション革命を起こすと話題のChatGPT。この度、B大学のC先生をゲストにお招きし、ChatGPTの活用セミナーを開催することになりました。AIを使いこなし、淘汰されない人材を目指しましょう。

もっと情報を具体化してみよう

なるべくたくさんの人に参加してもらうためには
どんな5W3Hを入れますか?

When:

Where:

Who:

What:

Why:

How:

How many:

How much:

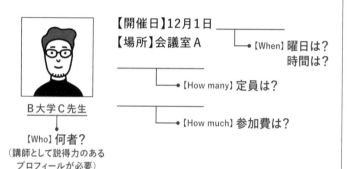

ChatGPT活用セミナーを開催！

└→●【What】何？（知らない人のために説明が必要）

【開催日】12月1日 _____
【場所】会議室A

└→●【When】曜日は？
　　時間は？

└→●【How many】定員は？

└→●【How much】参加費は？

B大学C先生

【Who】何者？
（講師として説得力のある
　プロフィールが必要）

未来のビジネスコミュニケーション革命を起こすと話題の
ChatGPT。この度、B大学のC先生をゲストにお招きし、
ChatGPTの活用セミナーを開催することになりました。

└→●【How】どのように？
└→●【How】参加方法は？

AIを使いこなし、淘汰されない人材を目指しましょう。

└→●【Why】目的が抽象的すぎる

5W3Hで具体化

When	12月1日（水）13〜15時
Where	会議室A
Who	B大学C先生（シリコンバレーで教鞭をとるITのスペシャリスト。国内でも大手企業にChatGPTのセミナーを100回以上開催）
What	ChatGPTのセミナー（ChatGPT＝最新の対話型AI）
Why	AIを使いこなすことで、業務の効率を高めて残業ゼロを目指す
How	講師とともにChatGPTを実際に使ってみる／当日先着順
How many	30名
How much	参加費無料

●告知文OK例

ChatGPT（最新の対話型AI）活用セミナーを開催！

B大学C先生
シリコンバレーで教鞭をとるITのスペシャリスト。国内でも大手企業にChatGPTのセミナーを100回以上開催

【開催日】12月1日（水）13〜15時
【場所】会議室A
【定員】30名／当日先着順
【参加費】無料

未来のビジネスコミュニケーション革命を起こすと話題のChatGPT。この度、B大学のC先生をゲストにお招きし、講師とともにChatGPTを実際に使ってみる活用セミナーを開催することになりました。AIを使いこなすことで、業務の効率を高めて残業ゼロを目指しましょう。

「意見・感想」は
思考を広く深く掘る

「情報や事実をヌケモレなく伝えることはある程度できるけど、自分の意見や感想を伝えるのが苦手」という方は多いです。**伝えたいことはあるのに、モヤモヤしてうまく表せなかったり、**「面白い」「すばらしい」「悲しい」などのざっくりとした感想だけで終わってしまったり。

どうしてそうなってしまうのでしょうか？　解決策を紹介する前に、原因を整理しておきましょう。

●「具体化」で気持ちの芽を育む

「意見・感想」を言語化できない原因は主に３つあります。

①意見や感想はあるが、色々な視点や考え方が複雑に絡まって、自分でも正体をつかめなくなっている

②思考を深めていない（思考が浅い）

③思考の幅を広げていない（思考が狭い）

「なんとなくモヤモヤする」という方は①であることが多いです。このタイプは、絡まった糸をほぐすように、思考を分解していくことが大事です。

②③は、「何も思いつかない」「ぱっと出てこない」という方に多い原因です。ご安心ください。人間ですから必ずどこかに考えや気持ちの「芽」があるはず。その芽に水をやりながら、しっかりふくらませていくことが大切です。

なぜ、自分の意見や感想が言えないのか？

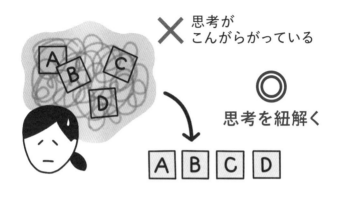

✕ 思考が
こんがらがっている

◎ 思考を紐解く

A B C D

✕ 思考が浅い　　✕ 思考が狭い

◎ 思考を深く広く掘る！

頭の中を具体化する
「なぜ→たとえば」メソッド

　p90の①〜③のどの場合であっても、自分の言いたいことを具体化し解像度を高めていける方法があります。それが「なぜ→たとえば」メソッド。

　最初に思いついた「ざっくりした意見・感想」を「なぜ?」と「たとえば?」を使って自問自答し、意見や考え方をどんどん具体化していくという、非常にシンプルなメソッドです。

　簡単な例で考えてみましょう。

　「桃太郎の話、どう思う?」と聞かれたとしましょう。

　そんなこと突然聞かれても、「面白い」くらいしか感想がないですよね。そのざっくりした感想が「ざっくり一言」です。

　その次に、自分に「なぜ『面白い』と思ったの?」と問いかけます。すると「ワンチームで敵を成敗したから」のような答えが出てきます。

　さらに、「たとえば?」と自分に問いかけてみると、「キジ、イヌ、サルをお供に連れて、それぞれの武器を活かして一致団結し敵を倒すところ」というシーンが浮かんできます。

　このように「なぜ→たとえば」メソッドを使うと、自分が「桃太郎のどこに注目し、面白いと思ったのかがどんどん具体的なイメージとなって立ち現れてきます。そう、言葉(=質問)が呼び水となり、あなたの思考が次々と引き出されていくのです。

　では、もう少し詳しく、「ざっくり一言」「なぜ?」「たとえば?」

［基本形］
「なぜ→たとえば」メソッド

ここを
掘ろう

ざっくり一言

意見の方向性を
とりあえず出す

深掘り

なぜ？

その理由を
考える

さらに深く
掘ったり

広く
掘ったり

たとえば？

ざっくり一言や理由に対して
問いかける

深くて広い思考に
なっていく！

を使って、思考を具体化していく方法を見て行きましょう。

●【ざっくり一言】は思考の足掛かり

「それ、おいしい？」「部長って、どんな人？」。こんな風に、何か意見や感想を求められたとき。あなたの**頭の中には何かしら答えが思い浮かぶ**と思います。ぼんやりしているとしても、「おいしい（orまずい）」「怖い人（or優しい人）」など、ざっくりとした感想・思いが浮かんでくるはずです。

　まずはその言葉をキャッチします。**それが「ざっくり一言」**です。

　この「ざっくり一言」は、具体化のスタート地点です。そこから「なぜ？→たとえば？」のプロセスを経て、思考が深まり広がっていきます。最終的なゴールが同じ「ざっくり一言」であっても、その間を様々な具体化情報で埋めることで密度が高まり解像度が高まります。上手な言語化を叶えるカギは、スタートとゴールの間の情報密度をいかに高めていけるかにかかっているのです。

　ちなみに、「ざっくり一言」からスタートして「なぜ？」と「た

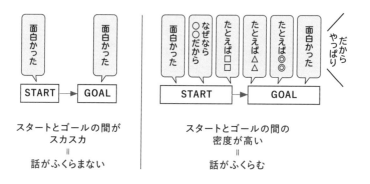

スタートとゴールの間が
スカスカ
＝
話がふくらまない

スタートとゴールの間の
密度が高い
＝
話がふくらむ

とえば？」で具体化を進めていった結果、スタートとゴールの「ざっくり一言」が変わることもあります。

　最初は「面白い話だ」と思ったけれど、思考を深めて考察していった結果、「実は怖い話だった」という具合です。つまり**「ざっくり一言」はあくまで思考を深めるための足掛かり。深く考えずにぱっと思いついたところからスタートすればいい**のです。

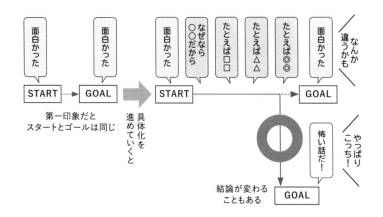

●【なぜ？】で思いを深掘り

「ざっくり一言」で、意見や感想の"とりあえずの方向性"を決めたら、次に「なぜ？」でその思いを深掘りします。

　そう**感じたからには必ず理由がある**からです。その感情に寄り添って、自分に問いかけてみましょう。

「なぜ、そう思ったの？」

「なぜ、A案がいいと思ったの？」

「ざっくり一言」と「なぜ？」はワンセット。表裏　体の関係で

す。「○○」という一言の裏には、「なぜなら△△」という思いが必ず隠れています。もっと言えば、「△△」という理由があるからこそ、あなたは「○○」という一言を出すことができたのです。

　ただ、慣れていないと、「なぜ？」と自分に聞いても「なんとなく……」しか出てこないかもしれません。

　そういうときは紙に書き出してみましょう。頭の中だけで思考を完結させるのは至難の業です。なぜなら、頭の中は見えないからです。見えないものを取り扱い可能な状態にするためには、書き出して可視化する方法が有効なのです。

　だからまずは、「ざっくり一言」を紙に書いて、それを見つめます。そして、次に「なぜ？」と問いかけて、頭に浮かんだことをすばやく紙に書き留めます。すると、頭の中で当てずっぽうに飛び交っていた「なぜ？」の答えが姿を現します。見えないものが見えるようになることで、がぜん思考が深まりやすくなります。

●【たとえば】は魔法のワード

「ざっくり一言」→「なぜ？」で、自分がその感想を抱いた理由がわかったら、今度はそこに「たとえば？」と投げかけます。

「たとえば」という言葉は、p102で詳しく説明しますが、実は、例を挙げるだけにとどまらず、自分の中から様々なことを想起させる魔法のワードなのです。

　このように「ざっくり一言」から、「なぜ？」と「たとえば？」を使って自問自答を繰り返すと、右ページの図のように自分の気持ちをどんどん掘り起こしていくことができます。

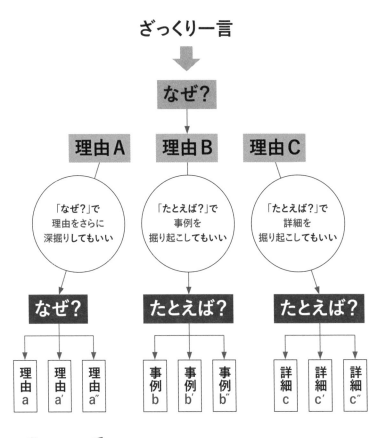

［発展形］
思考をさらに深めたいときは枝を増やす

ざっくり一言

なぜ?

理由A　理由B　理由C

「なぜ?」で
理由をさらに
深掘りしてもいい

「たとえば?」で
事例を
掘り起こしてもいい

「たとえば?」で
詳細を
掘り起こしてもいい

なぜ?　たとえば?　たとえば?

理由a　理由a′　理由a″　事例b　事例b′　事例b″　詳細c　詳細c′　詳細c″

次のページから、実際のシチュエーションに応じて、
自分の意見や考え方を具体的に深めていく練習をしてみましょう

実践！やってみよう
【上司に意見をきかれたら】

あなたがオフィスで仕事をしていると、上司が「ちょっといいかな」と声をかけてきました。ドキッとしつつも「はい、なんでしょうか」と答えると、上司は言いました。「オフィスチェアが老朽化してきたから、買い替えようかと思うんだけどどう思う？」

さて、あなたは何と答えますか？

●答え方NG例（自分の意見がない）

X

> そうですね。
> あ〜、たしかに古いですよね。
> いいんじゃないでしょうか。

意見を具体化してみよう ➡

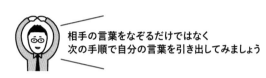

相手の言葉をなぞるだけではなく
次の手順で自分の言葉を引き出してみましょう

●意見の具体化

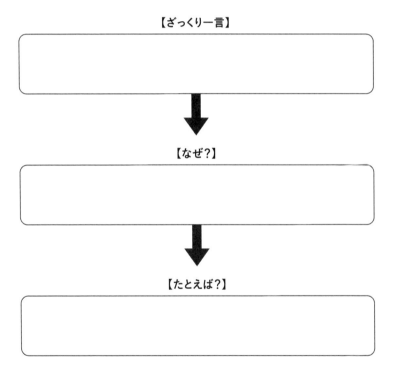

【ざっくり一言】

【なぜ?】

【たとえば?】

●意見の具体化例

【ざっくり一言】

買い替えたほうがいいと思う

【なぜ?】	【なぜ?】

老朽化が進んでいるから

最近、腰が痛いから

【たとえば?】	【たとえば?】

- 座面の弾力性がない
- ギーギーうるさい
- 突然、座面がガクンと下がることがある

- 長時間のパソコン作業が苦痛
- 座面が硬く坐骨神経痛になる恐れもある
- 社員の仕事効率と生産性が下がりかねない

●答え方OK例

> 買い替えたいですね。
> 座面の弾力性がなくなってきて、ギーギーとうるさいので。突然、座面がガクンと下がるのも気になります。そのせいか、最近は腰やお尻が痛くて正直なところ、長時間のパソコン作業が苦痛です。
> このままだと社員の生産性が下がりかねないほか、坐骨神経痛を患う人も出てくるかもしれません。買い替えたほうがいいと思います。

「なぜ」や「たとえば」を使って具体化するだけで、
自分の意見が見えてきますね！

「たとえば」は、思考を 深く広く掘れる最強のツール

「ざっくり一言」「なぜ」「たとえば」の中でも、思考を深める手段としてよく使われるものが「なぜ」です。

それに対して、「たとえば」はあまりフォーカスされていません。

しかし、文章の書き方を研究してきて30年。その中で私が感じているのは、「【たとえば】を使える人は、話が圧倒的にわかりやすい」ということです。「たとえば」が持つすごさを紐解いていきましょう。

●実はすごい! 「たとえば」の4つの役割

「たとえば」の意味を確認してみましょう。

① 前に述べた事柄に対して具体的な例を挙げて説明するときに用いる語。例を挙げて言えば。

② 多く「ようだ」「ごとし」を伴って、ある事柄を他の事にたとえるときに用いる語。あたかも。

③ ある場合を仮定するときに用いる語。もしも。仮に。

④ てっとり早く言うと。端的に言えば。 (出典:goo辞書)

「たとえば」の使い方なんて、改めて考えたことがないかもしれませんが、もう少しお付き合いください。「たとえば」を使いこなせるようになれば、具体化力がぐんぐん伸びていき、スムーズに言語化できるようになります。

①はこんな風に使います。

「私はフルーツが好きです。たとえば、りんごやバナナです」。

この使い方を紐解くと、「フルーツ」という**大きなグループに所属している言葉を、より小さいグループに落とし込んでいる**ことがわかります。

他にも「球技が好きです。たとえば野球やテニスです」「動物が好きです。たとえば犬や猫です」などの表現が当てはまります。

このように、具体的な例を挙げることで、ぼんやりしていた絵柄のピントが合い、読み手は理解しやすくなります。

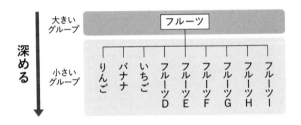

②はこのように使います。

「彼女の話し方は、たとえば風のようで、軽やかで心地よい」。

「たとえば」を使って「彼女の話し方」を「風」にたとえています。共通する何かがあるとき（この場合は「軽やかで心地よい」ということ）、それを元に横展開することができます。**「A」を、同じような共通点を持つ「A′」に言い換える**手法です。

これにより、読み手はイメージを横に広げることができます。

③の使い方はこうです。

「たとえば私が彼なら」「これはたとえばの話だけど」というように、「if」に近い使い方をします。先ほどの②は、横に展開するために"共通するもの"が必要でしたが、③の場合は不要。まったく見た目や状況が異なるものでも例に出すことができます。話を大胆に展開することで、思いもよらない言語化ができることもあります。

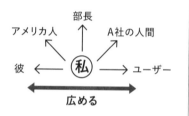

たとえば＝if

● たとえば私が「彼」なら
● たとえば私が「アメリカ人」なら
● たとえば私が「部長」なら
● たとえば私が「A社の人間」なら
● たとえば私が「ユーザー」なら

　　　　　　　部長
アメリカ人　　↑　　A社の人間
　　↖　　　　｜　　　↗
彼　←　　　（私）　　→　ユーザー
　　←――――――――――→
　　　　　　広める

　④は、「たとえば偉人といえばエジソンです」のように使います。

　①と少し似ていますが、①で挙げる具体例が横並びの関係であるのに対して、④の場合は1つに集約する意味合いが強めです。ちょっとややこしいですよね。大切なのは、これも**大きなグループから小さなグループに深めるための使い方**だということ。それだけ理解していただければOKです。

深める

Aと
言えば
‖・
a

「たとえば」という言葉は、深めるときにも
広めるときにも使える最強の言葉

「たとえば」で深めて広めて具体化！

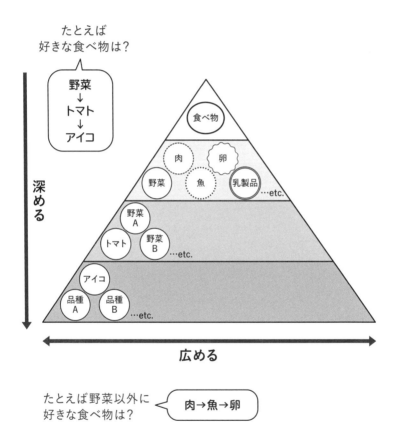

たとえば
好きな食べ物は？

野菜
↓
トマト
↓
アイコ

深める

広める

たとえば野菜以外に
好きな食べ物は？　肉→魚→卵

具体化するための「思考のものさし」TOP5

　ここまで、いくつか事例を挙げながら【「ざっくり一言」→「なぜ？」→「たとえば？」】を使って考えを具体化していく方法を説明してきました。

　しかし、いざこの通りに思考を深めたり広めたりしようとしても、「なぜ？」や「たとえば？」の先が思い浮かばない、何も考えつかないというケースもあると思います。

　そんなときに、使ってほしいのが「思考のものさし」です。 これはいわば、解を導く補助線のようなもの。これを**あてはめて考えてみるだけで、思考がぱっとクリアになり解像度が高まります。**「ものさし」の種類は非常にたくさんありますが、特にビジネスで使い勝手がよく、万能なのが右の5つ。

　①の「メリット・デメリット」なら「なぜならメリットは……、デメリットは……」と、「なぜ？」の答えとしても使えますし、「たとえばメリットは……、デメリットは……」と「たとえば？」の答えとしても用いることができます。

　何も思いつかない時は、まずはこの5つの「思考のものさし」に当てはめてみることをおすすめします。

　次の項目からそれぞれの使い方について説明していきましょう。また、TOP 5以外の役に立つ「思考のものさし」はp118にまとめておきましたので、そちらも参考にしてください。

何も思いつかない時の
「思考のものさし」TOP5

❶「メリット・デメリットは?」

❷「ビフォー・アフターは?」

❸「類似点・相違点は?」

❹「誰におすすめ?」

❺「どうやって?」
　「どんなふうにして?」

上記の言い換えや、TOP5以外を知りたい人はp118をチェック

POINT 09

【思考のものさし①】
「メリット・デメリット」を考える

　TOP 5の1つ目は、「メリット・デメリット」です。**「たとえば、メリット・デメリットは？」**というように自問自答します。

　メリット・デメリットは、本当に多くの場面で使えます。

　たとえば、「上司から社員食堂を廃止することについて意見を聞きたい」と言われた場合。

　「（ざっくり一言）反対→（Why）自分はおいしくて気に入っているから→（たとえば「社員食堂廃止」のメリット・デメリットは？）メリット：社員食堂の運営費が削減できる。デメリット：若い単身者が多いわが社では、食堂を利用することで栄養バランスを保っている社員も多い。それが失われると体調を崩し、業務に支障が生まれる恐れがある」という風に、自分の意見を洗い出していくことができます。

　メリット・デメリットという「ものさし」は**自分視点・会社視点・SDGs的な視点など、色々な視点から考えられるのも利点**です。

　メリットだけではなくデメリットも踏まえたうえで出された結論（ゴールの一言）は説得力が格段に上がりますし、**周りからも「多角的に考えられる人」として評価される**ので、これは本当におすすめ。

　なお、「メリット・デメリット」を「良い点・悪い点」「長所・短所」などに言い換えてみると、さらに用途が広がります。STEP1の「言い換え力」は、こういうところにも活きてくるのです。

「思考のものさし」を使った具体化例
賛成か反対かを問われたとき

「今年は久々に忘年会を開催しようかと思うんだけど、若手の意見も聞かせてくれる？」と言われたとき。「たとえばメリット・デメリットは？」を使って、考えを具体化した事例を見てみましょう。

【ざっくり一言】

> 忘年会の開催に賛成

【なぜ？】

> 楽しそうだから

【たとえば？】
メリットは？

- ふだんはあまりしゃべらない人ともコミュニケーションがとれる
- 会社がお金を負担してくれるからタダで飲み食いできる
- 社内結婚が多いから、出会いがあるかもしれない

【たとえば？】
デメリットは？

- 仕事や家庭の都合で参加できない人もいる。そうなると、予算の使い方が不平等になる
- 中にはお酒に飲まれる人もいる。そういう人に絡まれてトラブルになるかもしれない
- 二日酔いで翌日のパフォーマンスが下がる恐れがある

【思考のものさし②】
「ビフォー・アフター」を考える

先ほどの「**メリット・デメリット**」が物事の表と裏を比較していたのに対して、「**ビフォー・アフター**」は**時間軸で比較**します。

たとえば、あなたがジムのトレーナーだったとしましょう。相手に入会を勧めたい場合、「（ざっくり一言）このジムに通うと痩せられます→（なぜ？）確実に痩せるプログラムをそろえているから→（たとえば、ビフォー・アフターは？）会員の方の86％が３か月以内に体重を５キロ減らすことに成功した」という具合に、ビフォー・アフターを使って具体化できます。

他にも、「年のせいか最近ちょっと疲れが抜けないんだよね」というような雑談シーンでも使えます。
「（ビフォー）以前は一晩眠れば朝はスッキリしていた。（アフター）50過ぎてからは、朝から肩や腰が痛くて体が重いんだよ」。
　さらに、面白い本を読んだときに、「（ビフォー）いつも残業ばかりしていた。（アフター）この本のタスク管理術を実践したところ、仕事の効率が良くなって残業時間が大幅に減った」という具合にビフォー・アフターで具体化することもできます。
　このように、「ビフォー・アフター」は、過去と現在を比較したり、今と未来を比較したりすることで、**その変化を生き生きと相手がイメージしやすい形で伝えることができます**。様々な場面で活用しがいのある「ものさし」です。

「思考のものさし」を使った具体化例

魅力を伝えるとき

最近サウナにハマっているあなた。同僚にもその魅力を伝えたいのに、「あんなの体にいいわけないじゃん」と、聞く耳を持ってくれません。その物の魅力を伝えたいとき、自分の身に起きた変化を伝えるというのは有効な手段のひとつです。「ビフォー・アフター」を使った事例を見てみましょう。

【ざっくり一言】

> サウナはすごくいい!

【なぜ?】

> 気持ちがよく健康効果も高いから

【たとえば?】
ビフォーは?

- 肩こりがひどい
- 脳疲労も溜まっていて、頭がパンパンに詰まっている感じ
- とにかくだるく、仕事中の集中力が高まらない

【たとえば?】
アフターは?

- 肩こりや腰痛、眼精疲労までもが和らいだ
- 頭がすっきり! サクサク動いて仕事の処理スピードが上がった
- 学生時代の疲れ知らずだった体が戻ってきた

【思考のものさし③】
「類似点・相違点」を考える

　比較する対象を見つけて**類似点・相違点を考える**というのも使いやすい「ものさし」です。

「たとえば、○○と似ているところは？　違うところは？」と自問自答してみましょう。

　たとえば、販促用のポスターを決めるとき。キーンとクールな使い心地がウリの目薬が商品です。今日は最終ジャッジの日で、A案とB案の二者択一を迫られています。こういった"唯一の答えがない物事"の良し悪しを言語化するのは難しいですよね。

「（ざっくり一言）A案がいいと思う→（なぜ？）クールな感じが伝わってくるから→（たとえばB案との類似点・相違点は？）類似点：タレントさんが目薬を手にしているところ。相違点：A案は差した直後の『くぅ〜！』な状態。B案は商品を手に掲げた『どや！』な状態」

　こんな風に類似点・相違点を洗い出すことで、「くぅ〜！な状態だからクールな感じが伝わってきたのか」「どや！な状態はタレントさんの顔に目が行くから商品の印象が薄くなる」など、**自分では気づいていなかった理由も浮き彫りに**することができます。

　他にも、「この主人公と私は、△△なところは似ているけど、□□なところは似ていない」という風に、自分を比較対象にすることもできます。**物語を読んだ感想を伝えたい時や、第三者について語りたい時などにも重宝する「ものさし」**です。

「思考のものさし」を使った具体化例
SNSで発信するとき

今日訪れたカレー屋がとてもおいしかったので、SNSでレビューを発信しようと思います。いつもは「○○に行ってきた！」とつぶやいて終わり。「いいね！」は数件という状況ですが、「類似点・相違点」を使って他のお店と比較すると、読み手に特徴が伝わりやすくなり、反応がよくなります。事例を見てみましょう。

【ざっくり一言】

○○カレー屋に行ってきた

【なぜ?】

前から気になっていたから

【たとえば?】
（他店との）類似点は?

- 具材はチキン、じゃがいもなど一般的
- 辛さのレベルを自分で選べる
- 価格は1000〜1500円
- 混んでいる

【たとえば?】
（他店との）相違点は?

- 店主が本場インドで10年修業を積んでいる
- ナンを焼く時に生地を形作るパフォーマンスをしてくれる
- チーズナン、ガーリックナンなど、ナンを7種類から自分で選べる

【思考のものさし④】
「誰におすすめ？」を考える

「誰におすすめ？」というのは、この○○を喜ぶのは誰か、**すなわち「ターゲットは誰か」**を明確にすることです。

たとえば、あなたは商品を売る立場の人だとします。飲料メーカーの営業マンにしておきましょう。今日はお得意先のスーパーに、新商品を陳列してもらえるようお願いに来ました。
「（ざっくり一言）この飲み物がおすすめです→（なぜ？）健康効果が高いから→（たとえば誰におすすめ？）高血圧が気になる働き盛りのビジネスマンや、健康長寿を目指すシニア、子どもの飲食に気を配っているお母さんなど」
　こんな感じでターゲットを挙げていくと、具体化が進み、スーパーの担当者が納得・共感しやすくなります。ちなみに、「誰におすすめ？」の考え方は、企画を考えるときにも非常に便利です。
　ターゲットを明確にすることでその人たちが受け入れやすい価格やパッケージ、販促方法などディテールを詰めやすくなります。

　もちろん、「誰におすすめ？」は日常使いにも適しています。映画の感想をSNSなどに投稿するにしても、「面白かった。ロマンティックだったから」だけではなく、「（たとえば誰におすすめ？）恋に憧れる中高生、最近ときめいていない人、大恋愛中の人」のように、この映画を楽しんでくれそうな人（ターゲット）を具体化することで、魅力的に刺さる文章を作りやすくなります。

|||||||||||||||||||||||||||||||||||||||||||||||||||||||||||

「思考のものさし」を使った具体化例
企画を考えるとき

新商品のコーヒーを試飲してもらう体験会を実施することになりました。「たとえば誰におすすめ？」を使うと、ターゲットが明確になるので、実施する場所や時間帯、会場の雰囲気などを上司に問われてもしっかり答えることができます。

【ざっくり一言】

コーヒーの試飲会を開く

↓

【なぜ？】

商品を知ってもらうため

↓

【たとえば誰におすすめ？】

癒やされたい人

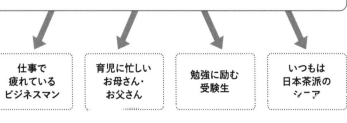

| 仕事で疲れているビジネスマン | 育児に忙しいお母さん・お父さん | 勉強に励む受験生 | いつもは日本茶派のシニア |

【思考のものさし⑤】
「どうやって?」を考える

「どうやって?」は、行動が生じる場面の具体化にうってつけ。使える範囲が広い「ものさし」です。

たとえば、キャンプに友達を誘う時。「(ざっくり一言)→キャンプに行こう→(なぜ?)リフレッシュしたいから→(たとえばどうやって?)川で魚を獲ったり、夜に焚き火をしたり、星空をぼんやり眺めたり」。

具体的なシーンを想起させることで、友達もその気になりやすくなるはず。あるいは、交通手段やキャンプの方法を具体化してもいいでしょう。手段や方法が見えてくると、それをToDoに落とし込むことができます。つまり、行動に移しやすくなるのです。

特にビジネスシーンにおいてはこの「どうやって?」がないと物事が前に進みません。

たとえば、営業部の売上を増やすためのアイディアを出さなければいけないとき。「(ざっくり一言)個人の裁量に委ねるのではなく、部署全体で売上を高めるための抜本的な対策が必要だ→(なぜ?)一人ひとりが頑張っていても限界があるから→(たとえばどうやって?)顧客満足度を向上させるために、チーム全体で顧客の声を収集し、サービスの品質や問題解決の向上に取り組む」という具合です。

具体化しても「まだ漠然としている」と感じた時は、さらに「どうやって?」と自問自答しながら具体化を進めていきます。相手が納得するレベルまで情報の解像度を高めていきましょう。

|ı|ı|ı|ı|ı|ı|ı|ı|ı|ı|ı|ı|ı|ı|ı|ı|ı|ı|ı|ı|ı|ı|ı|ı|ı|ı|ı|ı|ı|ı|ı|ı|ı|

「思考のものさし」を使った具体化例
人を呼び込むとき

あなたは通販サイトの運営会社に勤めています。しかし最近、商品があまり売れず、業績が低迷しています。「どうしたらもっと商品が売れると思う?」と上司に聞かれたとき。「たとえばどうやって?」で具体化した事例を見てみましょう。

【ざっくり一言】

> 商品の魅力をしっかり伝える

【なぜ?】

> サイトの場合、どうしても実店舗に比べて
> 商品の魅力が伝わりにくくなるから

【たとえばどうやって?】

- ● 5W3Hを意識して商品の説明文をより詳細に書く
- ● キャンペーンや割引を実施して、お試し買いをしてもらう
- ● 掲載写真を増やして商品のディテールを伝える
- ● 商品を使用する様子を収めた動画を埋め込む

思いつかない人のための「思考のものさし」リスト

【メリット・デメリット系】

- その長所・短所は？

- それに反論するなら？

- その課題は？

- その改善点は？

- そこに含まれる希望は？

- それは何に役立つ？

- そのリスクは？

- その善悪は？

- その魅力は？

- その効果は？

- その価値は？

- その評価は？

- そのコストは？

【ビフォー・アフター系】

- それをアップデートすると
  どうなる？

- その発展形は？

- その過去は？

- その未来は？

- その転機は？

【類似点・相違点系】

- その独自性は？

- それを別の何かにたとえる
  なら？

- ○○と比べると？

- その対極は？

【誰におすすめ系】

- そのターゲットは？

- それを喜ぶのは？

- それは男性・女性向け？

- それはシニア向け？

- それは何十代向け？

- それは若者向け？

- それは子ども向け？

【どうやって系】

● 仮に○○したらどうなる?

● それはどう応用できそう?

● そのやり方は?

● その具体策は?

● その ToDo は?

● その解決策は?

● 今後のプランは?

● 万が一の際のリカバリー
　方法は?

【その他】

● その目的は?

● その条件は?

● その根拠は?

● その理由は?

● その原因は?

● そのエビデンスは?

● その背景は?

● その前提は?

● その正当性は?

● その気持ちは?

● そのきっかけは?

● その原点は?

● その動機は?

● その本質は?

● そこから導き出される結論は?

● それはどんな様子・光景?

● それはどんなふうに聞こえる?

● それはどんな匂い?

● それはどんな味・食感?

● それはどんな手触り?

思いつかないときは、
さまざまな「思考のものさし」を使って自問自答していこう

さらに解像度を高める
3つのポイント

　ここまでで、情報や事実、感想や意見などを具体化して解像度を高めていくためのノウハウを挙げてきましたが、この過程において特に意識しておきたいことがあります。それが次の3つです。

①数字を使う
②固有名詞を使う
③抽象的な言葉を少なくする

　それぞれ説明していきましょう。

●① 数字を使う
「数字」を使うだけで情報の解像度が跳ね上がります。

　たとえば「かなり多くの人が参加した」を「100人が参加した」と言い換えるだけで映像が浮かびやすくなります。

　数字を使うと、比較もしやすくなります。「商品Aよりも商品Bのほうが少し安い」よりも、「商品Aは1000円、商品Bは700円。商品Bのほうが300円安い」のほうが断然わかりやすい。

　また「嬉しさ80%、緊張20%」のように、感情という目に見えないものを具体化するときにも、数字が役に立ちます。

　程度を表す際に、あいまいな言葉を使いそうになったら、「数字に置き換えられないかな?」と、一旦立ち止まって考えるようにしていきましょう。

むやみに使わないほうがよい程度を表す言葉

- しばらく
- けっこう
- 相当
- かなり
- 非常に
- ある程度
- わりと
- すごく
- ずいぶん
- よほど
- ちゃんと
- やけに
- たっぷり
- 多数の
- 多量の
- 大勢の
- 豊富な
- 盛りだくさんの
- がっつり

- 異常に
- 極端に
- 極めて
- ひときわ
- 格段に
- あまりに
- すさまじい
- はなはだ
- たいそう
- ことのほか
- 大いに
- 時々
- たまに
- しばし
- 頻繁に
- めったに
- よく
- とても
- 多少

- 少し
- やや
- めっきり
- ちょっと
- そこそこ
- どんどん
- それなりに
- まあまあ
- 相応に
- めちゃめちゃ
- えらく
- 著しく
- さっさと
- 早々に
- ある程度
- 普通に
- ぼちぼち
- 適当に
- やばい…etc.

具体的な数字がわからないときは何かにたとえてもOK。
×「大きなカブトムシ」　◎「文庫本サイズのカブトムシ」

●② 固有名詞を使う

そもそも、言葉というのは「分ける」ために存在しています。たとえば、「動物」と「人間」を分けたり、「会社員」と「フリーランス」を分けたり。

そんな中で具体化を進めていくためには、小さなグループにどんどん落とし込んでいく必要があります。つまり、**物事を具体化していくと最終的には「固有名詞」に行き着く**ということです。

固有名詞を使わないことで思わぬトラブルにつながるシーンもよくあります。

たとえば、外出先で同僚と待ち合わせをするとき。
「Ａ社の近くの駅に集合」とした場合は、「近くの駅」の解釈が二人の間でずれる恐れがあります。

同僚は「Ｂ駅」だと思うかもしれないし、あなたは「Ｃ駅」だと思うかもしれません。**解釈のずれをなくすためには、「○○駅の△出口」まで落とし込む**必要があるでしょう。

ビジネスでターゲット設定するときも、「都会の生活から離れたい20代夫婦」よりも、「５年以内に石垣島か宮古島への移住を目指す20代夫婦」のように固有名詞を使ったほうが、イメージが明確化しやすく、ターゲットに刺さる言葉も紡ぎやすくなります。

言うなれば、**固有名詞は"具体性の究極"です。使えそうな場面では積極的に使う**ことをおすすめします。

数字や固有名詞で具体化する

✕ いくつかの地方都市を参考にプランを作成しました

◎ 福岡、仙台、金沢、札幌の4都市を参考に、
観光客誘致プランを作成しました

✕ ささっと仕事を片付ける

◎ A社と行うBプロジェクトの広告営業資料を、
明日（10日・木）の午前11時までに作成する

✕ 都心の地価が上昇した

◎ 東京23区の商業地の地価は
前年比で3.6%上昇した

✕ デキるビジネスマンになりたい

◎ 孫正義さんのような、決断力と行動力を兼ね備えた
ビジネスマンになりたい

✕ B社のご担当者様が折返しご連絡をくださいとのことです

◎ B社ご担当者の小林様が折返しご連絡をくださいとのことです。
14時までなら携帯電話、14時以降はオフィスのほうに電話を
いただきたいとのことでした

●③ 抽象的な言葉を少なくする

言葉は、実はとても曖昧です。一見、共通認識が成立しているように見えても、実際は、自己解釈の上に成り立っています。

たとえば、「責任を取る」という言葉。

大きなミスをして会社に損害を与えた人が、「私が責任を取ります」と言った場合、どう解釈しますか。「会社を辞める」とも「損害を自分で負担する」とも、色々な解釈ができます。

そもそも、日本語は、「察する」をベースに使われることが多いです。「持ち帰って検討します」が、その場の空気によっては「お断りします」を意味していることもよくあります。

しかし、国際化が進む現代社会において、日本人も誤解を生まないよう、はっきり伝えることが求められ始めています。

そのためには、自分と相手の解釈にずれが生じやすい「抽象度の高い言葉」を避ける意識が必要です。

なお、この項目では「数字や固有名詞を使おう」とお伝えしてきましたが、最終的に人に伝える段階では、あえて数字や固有名詞を使わないこともあります。たとえば、細部を語りすぎると全体像を把握しにくくなることもあれば、相手がその固有名詞を知らないなら、使用を控えたほうがいいケースもあります。また、抽象度を高めてやり取りしたほうが、アイディアなどが出やすい場合も。いずれにせよ、それらはSTEP3の「伝え方」に該当する部分です。自分の頭の中では、一旦、具体化を終えて、情報の取捨選択やアレンジをしやすくしておきましょう。

解釈が分かれがちな抽象的な言葉

・愛	・健康	・安全
・友情	・信用	・真実
・豊か	・信頼	・勇気
・プライド	・責任	・常識
・自立	・本気	・やる気
・気合	・努力	・有益
・厳しさ	・根性	・運
・優しさ	・気遣い	・絆
・幸せ	・使命	・善悪
・有機的	・贅沢	・平和
・貢献	・許し	・自由
・失敗	・価値	・美
・成功	・願い	・リスク
・人生	・絶望	・リーダーシップ
・夢	・成長	・満足
・普通	・やりがい	・賢い
・希望	・機能的	・シナジー
・不調	・期待	・グローバル
・適切	・ストレス	・イノベーション

これらの言葉を使うときは、
メンバー同士で言葉の意味や定義をすり合わせておきましょう

プレゼンや営業でも、「具体化力」は必須！

　相手の気持ちを動かす目的で、自分の考えや意見を伝えるものに「プレゼンテーション」や「営業」があります。多くのノウハウ本が出版されているジャンルですね。

　プレゼンや営業は、STEP3の「伝え方」を工夫することに重きを置きがちですが、それ以上に大事なのが、あらかじめ「具体化」して自分の考えや企画の解像度を高めておくことです。

●「思考のものさし」も使いながら

　最初に具体化を徹底しておくことで、どの部分を相手に伝えるべきかが見えてきます。また、**プレゼンや営業の最中に、相手からどんな質問が来ても、慌てずに答えられる準備もできます。**

　プレゼンテーションや交渉の準備をする場合でも、基本は「ざっくり一言」→「なぜ？」→「たとえば？」に、適宜「思考のものさし」を使いながら自分の考えを深めていきます。

　それと同時に、５Ｗ３Ｈを使って「事実」にヌケモレがないかもきちんとチェックしておきましょう。言葉足らずになればなるほど、その話や文章の説得力が下がってしまいます。

　なお、**伝える際には、「事実」と「自分の意見や評価」を分けて伝えることも大事**です。ごっちゃにしないよう注意しましょう。

　p128から、実際に「プレゼンの準備」をする場面を設定してみました。具体的にプランを深めていく練習をしてみましょう。

意外！「具体化力」が
つくと雑談も盛り上がる

　自分の頭の中のぼんやりしていたものを具体化して、解像度を高めていく過程はすべて「自問自答」によるものです。

　本章では、そのやり方を詳しく解説してきました。**自問自答のコツがわかると、他人との会話にも生かせる**ようになります。問いかける相手を自分から他人に変えればいいだけだからです。

　たとえば、表面的な関係の仕事仲間や取引先と、間を持たせるために雑談をしなければならないような場合。

　聞き手に徹して、相手の話に、５Ｗ３Ｈなどを意識した質問を挟むだけでも、話は広がって続きます。

　また、さらに相手との関係性を深めたいなら「**なぜ→たとえば」メソッドや「思考のものさし」を使って相手に問いかけて、答えを導き出しましょう。相手の頭の中の情報が鮮明化・具体化されていくため、相手への理解が深まりやすくなります。**

●他人の思考を整理するのにも役立つ

　相手が言語化を苦手にしている人だったとしても、あなたが適切な質問をしてあげることで、相手に「なんだか思考が整理されてスッキリしたな」と感じてもらうことができるのです。

　p134には実際の会話の場面での使い方例を入れました。参考にしてみてください。

実践！やってみよう
【プレゼン準備】

あなたは広告代理店の新人クリエイターです。

あるアパレルブランドは、Z世代向けの新ブランドを立ち上げたばかり。しかし、売れ行きがかんばしくないため、大々的なプロモーションを行ないたいと考えています。

この仕事を勝ち取るため、「TikTok」のインフルエンサーを使ったプロモーションのプランをプレゼンしなければなりません。

どこから質問が飛んできても答えられるように、このプランを具体化し深掘りしていってみましょう。

●プレゼンNG例

> 最近のZ世代は、TV離れが加速しています。
> 主な情報源はSNSや友達の口コミなどです。
>
> 特にTikTokは若者との親和性が高いため、弊社としては、主にTikTokを活用した大々的なプロモーションを展開したいと考えています。
>
> TikTokで著名なインフルエンサーに商品のレビューを投稿してもらう予定です。

ふんわり
しすぎ！

まずは事実を具体化してみよう

プレゼンテーションのように特に論理性＆説得力が求められる場面では、まず5W3Hで事実を具体化しましょう

When：

Where：

Who：

What：

Why：

How：

How many：

How much：

●事実の具体化例

When：	クリスマス需要が高まる12月1〜14日の2週間
Where：	TikTok
Who：	TikTokのインフルエンサー
What：	新ブランドのプロモーションをする
Why：	Z世代はTikTokをよく見ているから
How：	商品のPR動画を作成のうえ投稿してもらう
How many：	インフルエンサー3名
How much：	謝礼は1人あたり△万円

5W3Hの事実を踏まえながら、自分の意見を深掘りしていきましょう

【ざっくり一言】

【なぜ?】

【たとえば?】

●意見の具体化例

【ざっくり一言】

TikTokで著名なインフルエンサーにプロモーション活動を依頼したい

【なぜ?】

ターゲットがZ世代につき、
TikTokがプロモーションを展開する場としてふさわしいから

【なぜ?】

- Z世代の多く(→たとえばどの位?)が TikTokを利用している
- 急速に(→たとえばどの位?)成長しているプラットフォームで話題性も高い
- ユーザーが独自のコンテンツを制作・共有することでブランドとの親近感を醸成しやすい

【たとえば?】
どうやって?

- 商品のPR動画を作成してもらう
- PR動画の内容は「話題化担当」と「解説担当」の2通り
- それと同時にハッシュタグチャレンジ「#着て踊ってみた」を仕掛ける

課題や懸念点が見えてきたら「たとえば」と「思考のものさし」でさらに深掘りしていきましょう。深掘りした中の「どの部分をどんな風に伝えるか?」は、STEP3で説明します!

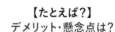

【たとえば?】	【たとえば?】
メリットは?	デメリット・懸念点は?

● ブランドの認知度が上がる	● 12月は多くのブランドがプロモーションを行なう時期。競合他社との争いが激化するするかも(→たとえばいつならいい?)
● TikTokのコメント欄は会話が盛ん。すでに購入した人がおすすめのコメントを寄せることで、それを見た新規ユーザーが興味を示し、購買につながることが多い	● 信頼できるインフルエンサーを選定することが大事(→たとえばどのような基準で?)
● TVCMに比べて予算を抑えることができる(→たとえばどの位?)	● インフルエンサーにPR動画を作成してもらった場合、クオリティを確保できるか?(→たとえばどうする?)

実践！やってみよう
【上司と雑談】

　会社を出て駅のホームに行くと、上司とばったり。なりゆきで一緒に帰ることになったものの、なんだか気まずい……。そんな雑談タイムには、意外と「5W3H」が使えます。

　ポイントは、自分からは無理に話さず、相手の言語化を促すこと。5W3Hで会話を引き出し、相づちを丁寧に打ちながら、時々肯定的な言葉を投げかけると会話が弾みます。

上　司：そういえばこの間、投資セミナーに行ったんだよ。

あなた：投資セミナーですか？　いいですね。いつ行かれたんですか？
　　　　　　　　　　　　　　　　　　　　　　┗→【When】

上　司：先週の土曜日。いや、あれは結構ためになったなあ。

あなた：テーマは何だったんですか？
　　　　　┗→【What】

上　司：老後の2000万円を確実に貯める方法。

あなた：そんな方法があるんですか？　知りたいです。

上　司：うん。まぁ、結局は投資しようって話なんだけどね。

あなた：投資ですか。<u>どうすれば</u>いいんですかね。自分は知識が乏
　　　　しくて。
　　　　　　　└●【How】

上　司：最初はやっぱりNISAがいいみたい。

あなた：毎月、<u>いくら</u>から始めればいいんでしょう。
　　　　　　　└●【How much】

上　司：3万って言ってたな。

あなた：あっ、確かNISAの制度が新しくなるんでしたっけ？

上　司：そうそう。だから早速、僕も始めてみたよ。

あなた：さすが行動が早いですね。それにしても<u>どうして</u>投資セミナ
　　　　ーに行こうと思われたんですか？
　　　　　　　　　　　　　　　　　　　└●【Why】

上　司：大学時代の友達に誘われたんだよね。

あなた：そうなんですね。自分も行ってみようかな。<u>どこで</u>やってる
　　　　んですか？
　　　　　　　　└●【Where】

上　司：神田。え〜っと、会社のURLを送るよ。

5W3Hは意外と多くの場面で活躍します

楽しい言語化トレーニング❷

「具体化力」を
鍛えるゲーム

「具体化力」をはぐくむためには、日頃から物事を深く掘り下げ、
イメージを想起する習慣を身に付けることが大切です。
そのためには理由や根拠を考えるゲームや、
ディテールを具体的に書き出すゲームが有効。
これから紹介するゲームに取り組んでいけば、
日常で目にするもの、耳にすることに対する
向き合い方が変わってくるでしょう。
ゲームのタイトル横に ChatGPT のマークがついているものは、
ChatGPTを使って取り組めるものです。
詳しくはp148〜の
「ChatGPTで『具体化』トレーニング」をご参照ください。

❶「なぜ」で掘り下げるゲーム

ざっくりとした感想や意見を、「なぜ」で掘り下げていきます。「なぜ→なぜ→なぜ」で、少なくとも3回は、思いを深掘りしてみましょう。

【例題】
「ランニングが好き」な理由を「なぜ」を使って3段階下まで掘り下げてください。

【解答例】
「ランニングが好き」

①なぜ好きなの?
　答え：すっきりするから

②なぜ、すっきりするといいの?
　答え：仕事の集中力が上がるから

③なぜ、仕事の集中力が上がるといいの?
　答え：残業が減り、プライベートな時間が増えるから。

【お題】
あなたの夢は?　例：ハワイに住むこと

解答例は次のページ！

137

【解答例】

①なぜ、**ハワイに住みたいの?**
　答え：常夏で海もあるから

②なぜ、**常夏で海があるといいの?**
　答え：年中、趣味のサーフィンに打ち込めるから

③なぜ、**趣味のサーフィンに打ち込みたいの?**
　答え：波に乗っている時に「生きている」って
　　　　強く感じるから

④なぜ、**「生きている」って強く感じたいの?**
　答え：これまで仕事をしすぎて、心も体も疲弊して
　　　　しまったから

⑤なぜ、……??

「なぜ?」でどんどん掘り下げると、
想像もしていないところにたどりつくことも!

❷因果関係ゲーム

「なぜ」で掘り下げるゲームの発展版。文章と文章の間に「理由となる一文」を付け足して、因果関係を成立させるゲームです。

【例題】
下記の文章①③は、①が③の状態に至った理由や原因となる一文が抜けています。因果関係がわかりやすくなるように、②に入れるべき文章を考えてみましょう。

①太っていた。
③3か月で5キロ痩せた。

【解答例】
①太っていた。
②朝晩に野菜スープを飲み続けることで
③3か月で5キロ痩せた。

【お題】
例題にならって②に入る文章を考えてみてください。
①部長に企画書を提出した。
③部長に怒られた。

解答例は次のページ！

【解答例】

①部長に企画書を提出した。
②**提出期日を過ぎていたので**
③部長に怒られた。

①部長に企画書を提出した。
②**コピーが切れていた部分があったので**
③部長に怒られた。

①部長に企画書を提出した。
②**奥さんとケンカして機嫌が悪い時だったようで**
③部長に怒られた。

論理的に考える練習になります

❸ディテール描写ゲーム

　目に映った光景を詳細に描写するゲームです。下の写真に写っている様子を細かく描写して書き出してください。また、あなた自身の感想も添えてください。

【お題】

photo:Shutterstock

解答例は次のページ！ ➡

141

【解答例】

余白がわずかの白い机の上に物が散乱している。まず目につくのはノートパソコン。開かれたパソコン画面には小さいふせんが3枚貼られ、大きなふせんも1枚貼られている。また、キーボード上に落ちているふせんもある。さらに、紙のゴミやボールペン、眼鏡、ホチキス、メモなどが無造作に置かれている。

パソコンの両脇には、乱雑に置かれた資料と思われる紙や、穴あけパンチ、ペンが数本入ったペン立てもある。これでは、パソコンを使うことすら、難しいだろう。このデスクの使用者が真っ先にすべきことは、机のゴミを捨てること。そして、ふせんを確認してタスクを終了させること。それから作業スペースを確保して仕事に集中すること!

写真を見ていない人でもイメージできるように描写しましょう。
あなたのスマホに入っている写真を使って、スキマ時間にやりましょう

❹ディベートゲーム ChatGPT

お題に対して、あえて異なる立場に分かれて議論をします。一人二役で、賛成・反対両方の立場に立って議論してみましょう。

【例題】
お酒は飲んだほうがいい?

【解答例】
[賛成派]
お酒は、日ごろのストレス解消や、コミュニケーションの円滑化に役立ちます。また少量であれば、健康への害もそれほどありません。

[反対派]
お酒は、飲みすぎると健康を害します。また量をコントロールできなくなるとアルコール依存症に陥ったり、人間関係を壊す可能性もあります。

【お題】
一軒家とマンション、買うならどっち?

解答例は次のページ! ➡

【解答例】

[一軒家派]
一軒家に住むメリットは、騒音や振動を気にする必要がないことです。隣人とトラブルが発生するリスクを下げられるほか、子どもたちも家の中や庭でのびのび遊ぶことができます。

また、一軒家は管理組合が存在しないため、自分たちのペースで改修やリフォームを行なうことができます。資金計画を立てやすい点も、大きなメリットと言えるでしょう。

[マンション派]
オートロックなどのセキュリティが充実しているほか、便利な共用の施設・設備を使うこともできます。管理人が掃除や点検をしてくれることもメリットです。

また、気密性や断熱性が高いため、冷暖房の効きが良くなり、光熱費を抑えることができます。居住者同士で仲良くなりやすく、子どもにとっても友達を作りやすい環境と言えるでしょう。

[一軒家派]
マンションのデメリットとしては……

両方の立場で意見を戦わせることで深い思考が生まれます

❺インタビューゲーム ChatGPT

　あるお題について、質問する人・される人、両方を一人二役で行います。交互に頭を切り替えながらやってみましょう。ChatGPTに、質問してもらうこともできます（p151参照）。

【例題】
あなたはどんな性格?

【解答例】
質問者：あなたはどんな性格ですか?
回答者：どちらかと言えばおとなしいかな
質問者：なぜそう思うのですか?
回答者：大勢の人の前だと発言できないから
質問者：大勢の前でなければどうですか?
回答者：少人数だと気負わず話せるので……おとなしいとは言えないのかも!?
　　　　　……
　　　　　……

【お題】
仕事の目標は何?

解答例は次のページ! ➡

【解答例】

質問者：あなたが仕事をするうえで、最も重要だと考える目標を教えてください。

回答者：なるべくたくさんの人の役に立つ商品を作ることです。

質問者：そのためにどのような行動を大切にしていますか？

回答者：世の中の人がどのようなことに困っているのかを考えるようにしています。

質問者：たとえばどのようなことをしているんですか？

回答者：ニュースサイトのコメント欄を読むようにしています。不平不満が書き込まれていることが多いので、商品開発のヒントになります。

質問者：実際、そこから着想を得て誕生した商品はあるんですか？

……

深掘りしていくときに、5W3Hや、「なぜ?→たとえば?メソッド」、「思考のものさし」などが役に立ちます

❻ 5分間書き出しゲーム ChatGPT

お題を見て頭に浮かんだことをひたすら書いていきます。時間は5分。「なぜ？」「たとえば？」を活用して書けることをひねり出しましょう。

【お題】
健康

【解答のポイント】
とにかく止まらずに、思ったことや気づいたこと、感じたことなどを書いていきましょう。字は汚くて構いません。
書くことに困ったら、「なぜ→たとえば」メソッドや「思考のものさし」を用いて、頭の中にある情報を強制的に引き出していきましょう。
5分間で270文字以上書けたらOK。

書いたものを見返して類語を調べたり、言い換えを考えたりすると、語彙力アップにもつながります

ChatGPTで
「具体化」トレーニング

■**プロンプトを作ることが「具体化」の練習に**

　ChatGPTが出す答えの質は、プロンプトの精度に左右されます。ざっくりした質問だとズレた答えが返ってきやすく、具体的な質問だと、適切な答えが返ってきやすくなります。

　つまり、使い手である人間側の力が試されているのです。

　言語化が苦手な人は、具体化することが不得意、あるいは慣れていないことが多いです。だからプロンプトを作成するにしても「セールス文章を書いてください」としか書けません。

　しかし、ChatGPTからすれば「商品の特徴は？　ウリは？」と「？」だらけ。情報がまったく足りていません。

　人間側も「あぁ、これではダメなのか」とそこで気づき、追加情報を打ち込むことになります。

　実はこの作業こそが、具体化力をはぐくむトレーニングの役割を果たしています。ChatGPTは人間のようにこちらの気持ちや狙い、思惑などを察してはくれません。有益な答えを引き出すためには、具体的な情報を伝えるしかないのです。

　プロンプトをしっかり考えて作成するほどに具体化力が磨かれていきます。逆説的ですが、ChatGPTを上手に活用していくためには、あなたの言語化力アップが欠かせません。

（p143参照）

「具体化力」をはぐくむゲームを
ChatGPTとやってみよう!
各プロンプト例をp30のＡのスペースに入力してみましょう

●ディベートゲーム（p143参照）

【お題】「一軒家とマンション、買うならどっち?」

【プロンプト例】

> #設定
> あなた(ChatGPT)は私のディベート相手です。
> #前提
> 私はマンション派で、あなた(ChatGPT)は一軒家派です。
> #指示
> どちらが買うのに理想的か、意見を戦わせましょう。交互に1つずつメリットを伝えていきます。
> #補足
> 5回やり取りしたら、ディベート終了です。ディベート終了後に、あなたは、今回のディベート内容について総評してください。
> では、いきます。まずは私から。
> マンションのメリット:管理人が建物内や敷地内の掃除や点検をしてくれます。

ChatGPTとの対話例は? ➡

【ChatGPT とのやりとり例】

ChatGPT: 了解しました、ディベートを始めましょう。

一軒家のメリット：一軒家は広々とした屋内空間と庭を持つことができ、家族や趣味に合わせたカスタマイズが容易です。

KE: マンションのメリット：ごみ置き場などがあると、いつでもごみを出せる。

ChatGPT: 一軒家のメリット：一軒家は土地が限られているため、たとえば、川や公園に面していたり、独自の庭を持っていたりすることができ、自然に近い環境で暮らすことができます。

KE: マンションのメリット：マンションは戸数が多いので、自分の望む環境にあった場所を選びやすい。

ChatGPT: 一軒家のメリット：一軒家は静かで穏やかな環境を提供し、外部からの騒音や干渉が少なく、隣人との距離感が遠くなります。

KE: マンションのメリット：オートロックのマンションだと、自分でセキュリティサービスにに入らなくても、安心なのでおトク。

ChatGPT: 一軒家のメリット：一軒家は土地が広いため、プライバシーと安全を確保しやすく、防犯対策やセキュリティを自分でカスタマイズしやすいです。

KE: マンションのメリット：不動産としての流動性が高いので、売り買いがしやすいです。

ChatGPT: 一軒家のメリット：一軒家は自分の土地を所有しているため、建物や庭を改善し、将来的な価値を高めることができます。

KE: 5回やり取りをしたので、判定をしてください。

ChatGPT: 了解しました。5回のやり取りを終えて、判定いたします。

勝者: マンション派
理由: マンション派の主張は、便益や利便性に関するメリットに焦点を当て、特に都市部での生活に適している点を示唆していました。一方、一軒家派の主張は、プライバシーや自然環境に関するメリットを強調していましたが、マンション派の主張に対する直接的な反論が限られていたため、マンション派が勝利しました。

●インタビューゲーム（p145参照）

【お題】仕事の目標についてインタビューしてほしい

【プロンプト例】

> #設定
> あなた（ChatGPT）は優秀なインタビュアーです。
> #前提
> 私は言語化が苦手です。自己紹介をするときも何をどう話せばいいのかわからなくなります。まずは自分の仕事の目標について言語化できるようになりたいです。
> #指示
> 私が仕事の目標について語れるよう言語化を手伝ってください（私にインタビューしてください）
> #補足1
> 一問一答で行ないます。私が質問に答えたら次の質問に移ってください。
> #補足2
> 5回、質疑応答をくり返したところで、私の仕事の目標について、まとめてください。

【ChatGPTとのやりとり例】

> 🤖 もちろん、お手伝いさせていただきます。まずは、あなたの仕事の目標について少し詳しく聞かせていただけますか？
>
> 1. あなたの仕事の目標は何ですか？

> KE　読者の困りごとを解決できる本を作ることです

> 🤖 理解しました。読者の困りごとを解決できる本を作ることがあなたの仕事の目標ですね。
>
> 1. その目標を達成するために、具体的にどのようなステップを踏む予定ですか？

> KE　自分自身が困っていることで、多くの人も同じように困っていること、それなのに解決策を書いた本がまだ出ていないものをまず探します

プロンプトの入れ方次第で、深い質問や視点を変えた質問など、色々な質問をしてくれます

●5分間書き出しゲーム（p147参照）

【プロンプト例】

> **#前提**
> 私は言語化が苦手です。言語化上手になりたいです。
> **#指示**
> ひとつのテーマについて、私が5分間、止まらずに書き出していきます。あなた（ChatGPT）はテーマをひとつ出してください。あなたがテーマを出したら、私は書き出しをスタートします。
> **#補足**
> 私が「以上です」と書いたら、そのテーマについて私が書き出した内容（言語化した情報）をまとめてください

こちらが出したテーマについてChatGPTに書き出してもらい、自分が書き出したものと比べるゲームもできます

CHAPTER 3

STEP 1　STEP 2　**STEP 3**

「伝達力」
を磨く

――「伝わる」型とテクニック――

自分本位な伝え方

もう少しで終わりそうなんですけど、ちょっといい
アイディアが浮かんでしまって。○○さんにちら
っと意見をうかがったら、けっこう好感触だった
ので、それも盛り込みたいと思っています。うま
くまとまれば明日には完成する予定ですが、必要
なデータをまだ集めている最中なので、最悪金
曜日までかかるかもしれません。遅れてしまって
本当に申し訳ありません。途中でご報告すべき
だったのですが、作業に熱中してしまいました。
以後気をつけます。

で？

154

相手思いの伝え方

すみません。
必要なデータが足りず、
まだ完成していません。
遅くとも金曜日までには
提出します。

OK!

言語化のゴールは
相手に「伝わる」こと

　いよいよSTEP3。伝え方を工夫して相手に言葉を届けます。そのために大切な考え方やテクニックを紹介していきます。

●言葉は相手へのプレゼント

　私は、**言語化して相手に届ける言葉や文章というのは、相手へのプレゼント**だと思っています。

　今から30年近く前、私はプレゼント選びで大失敗をしたことがあります。交際中の彼女（現在の妻）に渡すプレゼントとして選んだのは、緑色の壺。彼女の興味やニーズを把握せずに、私はそれを選びました。彼女からは、「拓ちゃん（私のあだ名）とはこれからも付き合っていきたいからはっきり言うけど……、プレゼントをくれるなら私が欲しい物をちょうだい」と言われました。ごもっともです（笑）。

　こんな風に一人よがりなプレゼントでは、相手の心に届きません。プレゼントを贈る目的は、「渡す」ことではなく「相手に喜んでもらうこと」。だから**「相手が欲しいものは何かな？」「ちゃんと喜んでくれるかな？」と、相手の立場に立って届ける**ことが大事なのです。

　言語化もそれと同じです。**「伝える」ではなく「伝わる」**ことに意識を向けてみてください。そうすれば、「えっ、どういうこと？」と、すれ違うことはなくなるでしょう。

言葉は「相手」へのプレゼントである

◎ 欲しい物を厳選して渡す＝喜ばれる

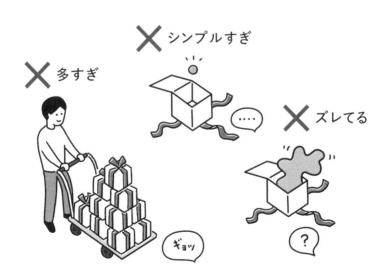

✕ 多すぎ

✕ シンプルすぎ

✕ ズレてる

ギョッ

....

?

【大原則①】
相手が理解しやすい言葉を使う

　たとえば、小学生相手に、東大の教授がふだん通りの授業を行なったとしたら、まったく伝わらないでしょう。知識レベルが異なるからです。このように、相手にきちんと伝えるためには、**相手の知識レベルに合わせる**ことが鉄則です。**基本ラインは「中学生でもわかるレベル」**。難しい言葉はオプションとしてストックしておき、いざという時に使えるようにしておきましょう。

●相手のバックボーンを考慮する

　私には1歳の孫がいます。その子に話しかけるときは、「ブーブーが通ったねぇ」と幼児語を使います。でも、仕事相手の方に「ブーブー」なんて言ったら、「この人、大丈夫かな」と思われてしまうでしょう。

　また、たとえば、日本語が苦手そうな外国人のコンビニ店員さんに話しかけるときであれば、簡単な単語を使って、シンプルな文章で、わかりやすく話すようにしています。

　このように、**同じ意味のことを伝える時でも、相手によって「伝わる言葉」は異なりますし、適切な伝え方も変わってきます。**

　相手が子どもや外国人の方なら、みなさん自然とできていると思います。でも、ビジネスシーンではそこまで意識していないのではないでしょうか。

　私が雑誌記者をしていたころは、様々な職種の方にインタビュ

ーをしていました。今振り返ってみるとその頃、「相手に合わせて言葉を選ぶ」という意識が高まったように思います。

　たとえば、外資系コンサルや、経営者の方にインタビューする場合は、カタカナ語をあえて使っていました。
「プライオリティーが高いのはどれですか」という具合です。その方たちの日常会話によく出てくるような単語を使うと、伝わりやすく、相手も話が通じるインタビュアーだと思ってくれます。

　一方、カタカナ語に慣れていない下町の工場長などにお話を伺う場合は、カタカナ語が通じないリスクもありますし、**逆に「何だこいつは。意識高めで嫌なヤツ」と思われる可能性**もあります。そういう時はスイッチを切り替えて、違う種類の言葉を使います。「優先順位はどれが一番ですか?」「もうかってますか」「景気いいっすね」という感じです。

　このように、**相手のバックボーンに応じて使う言葉を選んでいくことが大事**です。

　なお、相手のバックボーンがはっきりしない時や、大人数に向かって話す時などは「中学生でもわかる言葉を使う」ことをおすすめします。

　中学生と話す時のことを想像してみてください。おそらく「この言葉で伝わるかな?」「この順番でわかるかな?」と考え、丁寧に噛み砕いて話すはずです。その結果、知識が乏しい人や読解力が低い人のことを置き去りにすることがなくなります。中学生に理解してもらおうという意識は伝える力の向上にも一役買います。

【大原則②】
一文は60〜70文字で！

「、」が繰り返されて、だらだら続く長い文章は相手に伝わりません。伝えるためには「一文一義」を守ることが大切です。これは話し言葉でも同じです。

●一文一義とは

「一文一義」というのは、**1つの文章の中に1つの意味だけを盛り込みましょう**というお約束です。日本語は、文末に「。」がつきますよね。その句点までに入れる情報を1つだけにすると、ぐっと伝わりやすい文章になるのです。

ちなみに、「義」を「意」に変えて「一文一意」と表すこともあります（「義」には「意味」という意味があります）。

一文一義を守らないと、**一文の中に複数のメッセージが入り交じることになり、相手が理解しにくくなります。**また、主語と述語が離れることで、**主語と述語が正しく呼応しない「ねじれ文章」になってしまうことも。**日本語としておかしいうえに、メッセージも複雑になり、ひどい場合は、話している本人ですら訳がわからなくなってしまうこともあります。

一文の目安は長くて60〜70文字。70字を超えたら「文章を分けることはできないかな？」「余計な話や無駄な修飾語はないかな？」とチェックして、一文一義への修正を試みましょう。

「一文一義」にするとぐんとわかりやすくなる

NG：一文が長い

本日のミーティングでご指摘いただいたのは店舗新装のインテリアスタイルと費用についてで、スタイルは最終的にアメリカンヴィンテージでまとまりましたが、現段階で90万円ほど予算オーバーしているため、家具と調度品を再検討する方向で進めており、一両日中には修正プランを作成のうえ提出いたします。

OK：一文一義

本日のミーティングでご指摘いただいた点は2点あります。1つは店舗新装のインテリアスタイル。もう1つは費用についてです。スタイルは最終的にアメリカンヴィンテージでまとまりました。しかし、費用については、現段階で90万円ほど予算をオーバーしています。そのため、家具と調度品を再検討する方向で進めています。一両日中には修正プランを作成のうえ提出いたします。

NGの文章は、一文が140文字程度あり、「。」は最後に1個あるだけです。それに対してOKの文章では、新たに「。」を6つ追加しました。だいぶ読みやすくなったのではないでしょうか

【大原則③】
「アサーティブ」に伝える

「気持ちを伝えなければ」と思って、「伝える」ことだけに意識を向けすぎると、自分の主張をバーっと言ってしまう。相手が違う意見を投げかけてきても、「違う、そうじゃない」と聞く耳を持たず否定してしまう。そんなことが起こり得ます。でも、**そんなコミュニケーションを図っていては人間関係が悪くなってしまいます**よね。だから「アサーティブ」に伝えましょう。解説します。

●相手を尊重し、自分の主張を伝える

「アサーティブ」というのは、相手のことを尊重しながら、自分の意見や主張、感情を伝えることです。誤解しないでいただきたいのは、自分の意見や主張を押し通すことはアサーティブではないということ。攻撃的に言う。高圧的に言う、一方的にまくしたてる。論破しようとする——これらも違います。

　それでは、相手の言いなりになる。これはどうでしょう？　相手が言ったことを「はい、おっしゃる通りです」と、内心では「ちょっと違うのでは？」思っていながらも全て受け入れる。これもアサーティブではありません。

アサーティブな伝え方

●相手の意見を尊重する ●自分の意見も主張する	●自分の意見や主張を押し通す ●相手の意見に内心反対なのに全面的に受け入れる ●攻撃的　●論破する

「アサーティブなやりとり」とは?

NG:アサーティブでないやりとり

Aさん:Bさんはデザインの知識や経験がまだ浅いですよね?
　　　　余計なアドバイスはどうぞお控えください。

Bさん:商品イメージを損ねないために言ったまでです。そちら
　　　　こそ、デザインの訴求力を上げたいなら、もっと聞く耳を
　　　　持ってください。

OK:アサーティブなやりとり

Aさん:ご指摘いただき、ありがとうございます。ただ、デザイン
　　　　チームとしては△△を修正することで商品が目立たなく
　　　　なるのではないかと懸念しております。そのため、新た
　　　　に□□という案を考えました。いかがでしょうか。

Bさん:Aさん、貴重なご提案をありがとうございます。△△に
　　　　すると商品が目立たなくなるというご意見は、ごもっとも
　　　　です。一方で、デザインの訴求力を高めるためには、や
　　　　はり△△が最適だと考えます。つきましては、商品の写
　　　　真を☆☆に差し替えて……

アサーティブに伝えることで、
建設的なコミュニケーションが可能になります

【大原則④】相手に「伝わっているか?」を確認する

何かを伝えている最中には、「本当に伝わっているかどうか」を確認する必要があります。もしも、あまり伝わっていないようであれば、説明の仕方を変えたり、情報を補足したりしましょう。そうやってPDCA（計画・実行・評価・改善）を回していくことによって、あなたの伝える力、つまり言語化力はどんどん磨かれていきます。

●「伝わっていない」サインとは

相手に伝わったかどうかを判断する方法。それは、相手の表情や反応を観察することです。伝わっていない場合、相手は何かしらのサインを発しています。

たとえば、表情が曇る、首をかしげる、眉間にしわが寄る、じっと押し黙る、ぼーっとしていてうわの空……など。相手がこのような反応を見せたときは、伝わっていない恐れがあります。

そんなときは、「伝わりましたか?」「ご不明点はありますか?」「○○の部分はご理解いただけましたか?」「ご質問はありますか?」のような言葉を投げかけて確認しましょう。

相手が、あなたの話に違和感や疑問を抱いているようなら、それらが解消されるまで補足説明をしなければいけません。相手の表情と反応をバロメーターとして、言葉を届けていきましょう。

言葉以外の相手の反応をチェック!

□ 表情が曇る

□ 首をかしげる

□ 眉間にしわが寄る

□ 押し黙る

□ ぼーっとしていてうわの空

わかりました…

はい…

ぼー

返事を鵜呑みにせず、
表情や声色にも気を配って!

説明が長くなるときは「ここまでは大丈夫ですか?」といったん区切り、質問を受け付けましょう

【大原則⑤】
相手の「ニーズ」を把握する

　相手のニーズを把握するということは、「相手にとって必要な要素を見極める」ということ。ニーズがわかると、**不要な要素をばっさり切り捨てることができるほか、相手に喜ばれる「要約」もできる**ようになります。

●不要な要素はばっさり捨てる

　要約するときは、自分が捨てたいことを捨てるのではなく、あくまでも **「相手にとって必要のないこと」を捨てる意識が大切**です。

　今のあなたはSTEP2で具体化をしたことで、様々な情報を手にしている状態です。八百屋ではなく、デパート状態。「野菜しか渡せません」ではなく、「食品も洋服も化粧品も家具も、なんでも渡せます」と、相手のニーズに応え放題の状態です。

　さて、何を渡せばいいでしょうか？

　相手がお腹を空かせているなら食品を渡すと喜ばれるでしょうし、シャツが汚れていたら洋服を渡すほうがよいでしょう。

　これを言語化に置き換えるとどうなるか。

　相手が利益追求型のAさんであれば「利益がどれだけ出るか、数字で示したほうが理解されやすい」でしょう。一方、社会問題に興味があるBさんであれば「数字よりも社会的な意義を訴えた

ほうが理解されやすい」でしょう。

つまるところ、**TPOに応じて渡す物を考えるしかありません。**

難しいですよね。でも、具体化できていれば、取捨選択は格段にしやすくなります。ぱっと思いついた言葉を相手に無造作に投げるのではなく、**具体化したものを見渡しながら厳選できる**からです。ケーキ屋さんに行った時に「どれもおいしそうだけど、うちの家族が喜ぶケーキはどれだろう？」と考えて買うことに似ているかもしれません。

相手のニーズに応じて、具体化した情報を取捨選択できるようになると、伝わりやすさがぐっと高まります。

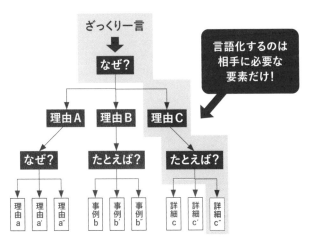

不要な要素はばっさり捨てる勇気を持ちましょう

POINT 07 手短にわかりやすく伝える時のコツ

　あれもこれも語りたくなってしまう……。もしかしたら、その原因は、あなたの"時間への意識"の薄さにあるかもしれません。

　大切なのは、自分が「何十分でも話せる」「何枚でも書ける」と、考えないことです。

　おすすめの対処法は、話す時や書く時に、時間に制限を設けるというもの。たとえば、「1分しか話せないとしたら、どの要素を省こうか?」「300文字以内にまとめるとしたら、どの情報が不要か?」という風に、「限りがある」ということを意識してみてください。

　もちろん、もともと「スピーチは3分で」「1000文字で」のように、時間や文字数が決まっている場面もあるでしょう。しかし、そうした制限がないとしても、あえて時間や文字数に制約を設けることで、捨てる情報と残す情報を見極めやすくなります。

［制限がないと…］

> Aは〇〇〇で、Bは△△△で、あとAには□□□な面もあって…（ダラダラ）

［制限を加えると…］

> 最大のポイントはAです。なぜなら〇〇〇だからです。（ビシッ!）なるほど〜

●具体化したものを再度、抽象化するのも手

　また、短く端的に伝えるには、一度具体化したものを再度、抽象化するのも手です。

　たとえば、上司のＡさんがどんな人か、下記のように具体化できたとします。

・Ａさんは社長にもビルの警備員さんにも態度が変わらない。
・Ａさんは男性にも女性にも同じようにチャンスを与える。
・Ａさんは数字を細かく見て評価する人だ。

　これを一言で表すなら「Ａさんはフェアな人だ」となります。

　せっかく具体化して解像度を上げたのに、伝える時に抽象的な表現になるのはもったいない気がするかもしれませんが、時間や文字数が限られている時には、抽象度を上げた言葉にして伝えるほうが、真意が伝わりやすいこともあります。

　一度具体化したものを、要約して抽象度を上げる時には、まず具体化した情報の「共通点」を見つけます。次にその共通点を表すのにぴったりの表現を探していくのがコツです。上記の例では「フェアである」という言葉がそれです。

　ぴったりの表現を見つけるには、STEP1の語彙力があることが大前提ですが、仮に語彙力が低かったとしても、ここでぴったりの表現を探すことによって語彙力を高めることができます。

話の組み立ては
「3大テンプレート」を利用

　相手に届ける**要素の取捨選択が済んだら、今度はそれを「どのような流れで説明すれば相手に最も伝わるか」**を考えていきます。

　言語化が苦手な方の中には、「一文一義で端的に伝えることはできるけど、話がうまくない」という方が、意外と多くいます。

　でも、大丈夫。これから紹介するテンプレートを使えば、もう話の組み立て方で悩むことはありません。

●幹→枝→葉は大前提

　まずテンプレートの紹介をする前に、大前提として覚えておいてほしいのは、**話の組み立て方の基本のキは「幹→枝→葉」**ということ。核となる情報→細かい情報の順に伝えます。たとえば、

幹：私、山口拓朗は文章の専門家です。
枝：本を執筆したり文章の書き方を教えたりしています。
葉：セールスライティングやSNS発信の方法など。

といった具合です。最初に、何の話なのかがわかる「幹」を伝え、だんだん細かく枝分かれしていくイメージです。

　「幹→枝→葉」を基本とした上で、もう少し大きな「話の流れ」を組み立てる時に使えるのが右の3つのテンプレートです。

　伝えたい内容や目的に応じて、それぞれ適したテンプレートを選んで、話を組み立ててください。

話の流れが格段にわかりやすくなる
3大テンプレート

1
結論優先型

ワンメッセージを
掘り下げて
伝えたい時

2
列挙型

複数の情報を
整理して
伝えたい時

3
ストーリー型

読む人の
感情を動かし
共感を得たい時

どのテンプレートを使う場合も大前提として「幹→枝→葉」は意識する!
次の項目から、それぞれについて説明していきます!

【話のテンプレート①】結論優先型

　誰かの話を聞いたり文章を読んだりするとき。イライラしたり、疲れたりすることがあると思います。なぜそんなことになるのか？理由のひとつに「話の先が見えない」ことが挙げられます。**話の展開が見えないと、相手は「結局何が言いたいの？」とストレスを感じます。**

　これを避けるためには、「私はこれから、こんな話をしますよ」と、まず話の全貌や結論を伝える必要があるのです。

●結論がわからないと道に迷う

　たとえば、あなたが知らない土地で、その土地に詳しいAさんに名所を案内してもらうことになったとします。Aさんは「ついておいで！」と手招きし、歩き出しました。2〜3歩後ろからあなたはついていきます。

　次の瞬間、Aさんは急に右に曲がりました。あなたも迷子にならないように右折します。すると今度は、Aさんは点滅している信号を見て急に走って渡りました。あなたも必死についていきます。そして、一軒の店に入りました。「あ、ここが目的地だったのかな？」と思いきや、「疲れたからちょっと休憩しましょう」とAさんは腰を下ろしました。さて、あなたは何を思うでしょう？

「ていうか、どこに行くつもりなの？」

「せめて、『目的地の〇〇まで15分ほど歩きます』とか言ってよ」

　きっと、こんな風にイライラするのではないでしょうか。
　言語化もそれと同じです。

●まずは全貌や結論を伝える

　話のゴールを示したり、大意を伝えて道筋を明らかにしたりしないと、相手はストレスが溜まる一方です。

　理解しようとする気も失せていくでしょうし、自分たちの現在地もわからなくなります。だから、まずは全貌や結論を伝えることが、とても大切なのです。

　結論優先型のテンプレートは、報連相をはじめ、何かしらの提案や企画を伝えるときに重宝します。また、会議やミーティングで賛成・反対を表明する際や、限られた時間の中で「〇〇の説明」をしなければいけないときにも有効です。

「結論優先型」はこの4ステップ！

1結論（最も伝えたいメッセージ）

2理由（最も伝えたいことがそれである理由）

3具体例（詳細）

4まとめ（なくてもいいが、長くなる場合はあると親切）

●意見を伝えるとき

結論 （メッセージ）	明日のシンポジウムでは、昼食後に「昼寝」をすることの有用性をお伝えする予定です。
理由・根拠	昼寝には脳の疲労回復効果があるほか、ストレスホルモンの分泌抑制により、心身のリフレッシュ効果も期待できると言われています。
具体例 （詳細）	NASAの研究では、20〜30分の昼寝がパフォーマンス向上に効果的であることが実証されています。また、一部の大手企業では、昼寝ポッドを導入して社員の生産性向上を図った事例も存在します。創造性に関する研究では、睡眠が発想力を高める役割を果たしていることもわかっています。
まとめ	適切な昼寝を習慣化することで、ビジネスパーソンの心身のパフォーマンスが向上。その結果、仕事の効率と生産性を高めてくれるでしょう。

●ミスを報告するとき

結論 （メッセージ）	課長、納品ミスのご報告があります。A社から400個ご注文いただいた商品が、40個しか納品されていませんでした。
理由・根拠	私が、受注書に記載されていた個数を読み間違えていたことが原因です。
具体例 （詳細）	すでにA社担当者への謝罪を済ませ、残り360個の追加配送手続きをしました。明日（23日）の午前中にはA社に到着する予定です。
まとめ	私の不注意でこのようなことになり、申し訳ありませんでした。以後、商品発送時のチェックを強化してまいります。

ミスやトラブルの場合、「2理由・根拠」でミスの原因を伝えます。
「3具体例（詳細）」にはミスの詳細ではなく対策を入れるのがベターです

【話のテンプレート②】列挙型

「このプロジェクトのポイントは3つあります。1つ目は○○、2つ目は△△、3つ目は□□です。まずは1つ目の○○からご説明いたします」

これが、いわゆる「列挙型」です。ワンメッセージに絞り込む結論優先型と異なり、**重要さのレベルが等しい（並列的な）情報が複数ある場合に、この列挙型が役立ちます。**

●ポイントを厳選する

伝えたいことがたくさんあるからといって、全てを羅列しても相手の心には残りません。大事なことは、相手のニーズに合わない情報は捨てることです。相手のニーズを満たせる、**特に大事なポイントを3つ程度にしぼりこむことが大切です。**

列挙数は3〜5つがスタンダード。数が多くなるほど、相手の理解度が下がりやすくなります。

列挙型のいいところは、**ポイントが厳選・整理されているので、相手がストレスなく内容を理解できる点**にあります。

冒頭で「ポイントは3つあります」と言われると、「あぁ、ポイントが3つあって、これから1つずつ説明してくれるんだな」と話の展開を予測することができます。すると、その後の話が頭に入ってきやすくなるのです。列挙されたポイントごとに分析・評価を加えられる点も列挙型を使う魅力と言えるでしょう。

「列挙型」はこの4ステップ！

1 全体像を示す（ポイントがいくつあるか）

2 1つ目のポイント→詳細

3 2つ目のポイント→詳細

4 3つ目のポイント→詳細

列挙のパターン

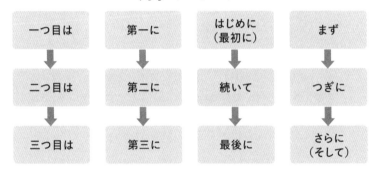

「はじめに（最初に）→続いて→最後に」のパターンは時系列で伝える必要がある時に使う。「会員サイトにログインするためには以下の3ステップで操作してください」という具合。「まず→つぎに→さらに（そして）」は時系列のものとそうでないもの、どちらにも使える。

「これがあって、あれもあって」と、伝えたいことが色々あるときは、列挙型を使うチャンス！

●意見を伝えるとき

全体像を示す	旅館スタッフとして、お客様の前で注意すべきことは以下の3点です。
列挙ポイント1	一つ目は、笑顔とあいさつです。とくに大事なのがお客様を迎え入れる際の第一印象です。笑顔でのあいさつは、お客様を歓迎していることを示すものであり、良好な関係を築く第一歩です。
列挙ポイント2	二つ目は、丁寧な言葉遣いとアイコンタクトです。お客様には常に適切な敬語を使いましょう。また、話しかける際は、お客様の目をしっかり見ることで、こちらの誠意が伝わりやすくなります。
列挙ポイント3	三つ目は、迅速な対応です。お客様の要望や問い合わせに対して、迅速に対応することは、お客様の満足度を高めるうえで欠かせません。「待たせる」を極力減らす意識が肝心です。

それぞれのポイントの中は幹→枝→葉で組み立てる

●メールでも使いやすい！

新商品Aについて、以下3点の質問がございます。

1. 正式な発売日
2. 価格（税抜き）　— 列挙
3. 販売店舗

以上、ご確認いただけますようお願いいたします。

列挙されていると、「見た目」でも読み手が直感的にわかりやすい

【話のテンプレート③】ストーリー型

3つ目のテンプレートは**「ストーリー型」**です。「ストーリー型」と聞くと、あなたはどんなイメージを持ちますか？

ハリウッド映画のダイナミックなストーリーや、恋愛小説のドラマティックなストーリーなど、色々思い浮かぶと思います。はい、大正解です。「ストーリー型」は、まさに物語。**相手の心を揺り動かしたいときや、興味を引き付けたいときに使えます。**

●はじまりは「マイナス」から！

ストーリー型の基本は下記の通り。ストーリー展開が大事なので、最初はマイナスから始まるように意識します。どん底だった主人公が何かをきっかけに成長し、どんどん輝いていくという展開は、人を惹きつけます。なぜなら、**人は失敗や挫折、コンプレックスなど、ネガティブなものに共感しやすい**からです。そして最後はハッピーで締める。読後感はばっちりです。

「ストーリー型」はこの4ステップ！

1 発端（世の中や自分のマイナス因子からスタート）

2 転機（マイナスを解消する人、物、出来事との出会い）

3 成長（転機となる出会いにより、変化や進化が起きる）

4 未来（素晴らしいハッピーエンドを予感させる）

「ストーリー型」は右肩上がりを意識

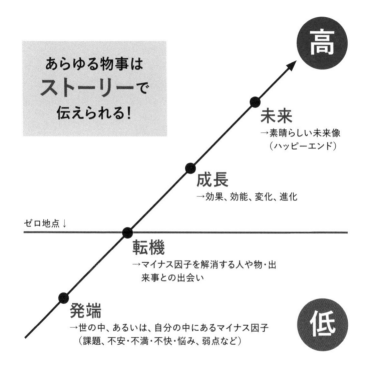

あらゆる物事は
ストーリーで
伝えられる!

高

未来
→素晴らしい未来像
（ハッピーエンド）

成長
→効果、効能、変化、進化

ゼロ地点↓

転機
→マイナス因子を解消する人や物・出
来事との出会い

発端
→世の中、あるいは、自分の中にあるマイナス因子
（課題、不安・不満・不快・悩み、弱点など）

低

ストーリー型は左下から右上にかけて、
右肩上がりになるように展開するのがポイントです

「ストーリー型」テンプレートを使った例

●自分の成長を伝えるとき

発端 （マイナス）	この部署で最も経験が浅く、専門用語がまったくわからなかった私は、職人さんに質問されても何も答えることができませんでした。
転機	そんな私に一から現場のことを教えてくれたのが、5歳年上のA先輩です。A先輩が数えきれないほどの現場に同行させてくださったおかげで、専門用語はもちろん、現場の方々との関係性の築き方、仕事の進め方を学ぶことができました。
成長	そして1年後、私は現場監督を任されるようになりました。「もうすぐあの資材が足りなくなるぞ」と職人さんに言われても、「手配済みです。明日には届きます」と先回りして行動できるほど成長できたのです。
未来	私は今、チーム一丸となってお客様のマイホームを作れること。お渡しできることを心から誇りに思っています。今後もお客様の笑顔と幸せな未来のために努力していきます。

> それぞれのパートの中は幹→枝→葉で組み立てる

●提案をするとき *「転機」のパートで提案する

発端 （マイナス）	直近の業務評価アンケートによれば、70%以上の社員が社員間のコミュニケーションの問題（非効率な伝達など）を懸念点に挙げています。事実、コミュニケーションの齟齬によるプロジェクトの遅れや重複作業、モチベーションの低下などが起きています。
転機	そこで提案です。全社共通のコミュニケーションツール（ビジネスチャット）を導入しましょう。リアルタイムで情報共有することによって、仕事効率を高められるほか、問題点の迅速な解決も期待できます。
成長	業界で信頼されているコミュニケーションツール（例：Slack, Chatworkなど）の比較検討を行い、当社のニーズに最も合ったものを選定します。その後、研修やワークショップを実施し、社員が新しいツールを効果的に活用できるようサポート。導入後3か月、6か月ごとに利用状況や効果を確認し、必要に応じて改善を図ります。
未来	この提案の実施により、社内コミュニケーションおよびチーム間連携の質と効率を向上させ、より生産的な業務環境を実現することができると確信しています。

相手の興味を惹く
テクニックを使う

相手に「伝わる」ようにするためには、話の流れを工夫するだけではなく、**文章そのものをイキイキと伝える「テクニック」**も組み合わせていきましょう。

テンプレートが話の組み立て方・構成であるのに対して、**テクニックは一文の中で使う表現のテクニック**です。

●相手が前のめりになる言葉のテクニック

「表現のテクニック」と聞くと、「比喩」や「擬人法」など、国語的なものを思い浮かべるかもしれません。もちろん、それらは相手の理解度を上げるために欠かせないテクニックなので、本書でも紹介します。

しかし、それだけではありません。

ビジネスシーンで使うと高い効果が得られる **「相手の心を惹きつけるテクニック」** も紹介していきます。

いわゆる日本語表現のテクニックからは外れますが、「それはすごいな」「えっ、気になる！」と、相手が思わず前のめりになってしまうような伝え方。それらを一挙公開します。

テクニックを使って、相手の関心を惹きましょう。
どれもビジネスシーンで大活躍

相手の興味を惹きつける
テクニック Best10

❶「比較」する

❷「落差」を使う

❸「オノマトペ」で表現

❹「比喩」と「たとえ話」

❺「擬人法」で描写する

❻「魅力的な数字」に加工する

❼「ベネフィット」を伝える

❽ 印象的な「キーワード」を使う

❾ 大事なことは「繰り返す」

❿「肯定的」に伝える

POINT 13 【惹きつけテク①】「比較」する

　情報というものは、常に相対的です。

　たとえば、ある人が「今日の売上は10万円だった」と言ったとしましょう。それを聞いたあなたは、返答に詰まってしまいます。

　なぜなら、**その10万円が、その人にとって多い額なのか、それとも少ない額なのかがわからないから**です。称賛すればいいのか、それとも励ませばいいのか……判断がつきません。

　一方で、もしも次のように言われたらどうでしょう？
「1日の平均売上は22万円ですが、今日は10万円でした」

　比較対象を用いたこの伝え方であれば、その内容を適切に評価することができます。

　その結果、「いつもの半分以下ですか。苦戦しましたね」のような言葉をかけることができるかもしれません。

　このように、世の中には“その情報単体”では評価・判断できないもの、つまり、真意や真実が伝わらないものがたくさんあります。

　あなたが何かを伝えるとき、“その情報単体”で本当に伝わりますか？　もし答えが「ノー」だとしたら、**何か比較対象を用いることを検討しましょう。**

　比較によって物事の真意や真実が鮮明になることで、相手が正しい理解へと行き着きやすくなります。

「比較」で真意が伝わりやすくなる

比較なし	比較あり
サウナに毎日入る人は認知症になりにくい。	サウナに毎日入る人は、週1回以下しかサウナに入らない人に比べて認知障害になるリスクが66%と低い。
酒屋に行ったら○○ワインが1本3000円で売られていた。	酒屋に行ったら、去年は2000円だった○○ワインが今日は3000円で売られていた。
年収300万円以下の人で1日30分以上ビジネス書などを読む人の割合は2%だ	1日30分以上ビジネス書などを読む人の割合は、富裕層が88%なのに対して、年収300万円以下の人は2%だ。
今日の部長は優しかった。	昨日、部長は、締切を守らない相手に「こっちだって忙しいんだよ!」とキレていた。ところが今日は、「師走の慌ただしい時期ですから仕方ありませんね」と穏やかに神対応していた。

対象による比較、時系列による比較……。いろんな比較が使えます

【惹きつけテク②】「落差」を使う

文章の中に落差をつける。これは私が**文章を書く時に常に意識している鉄板のテクニック**です。落差をつけることで、相手が興味・共感を抱きやすくなります。p180でお伝えしたテンプレートの「ストーリー型」と似ていますが、こちらの「落差」は、より短い範囲の文章に適用するテクニックだと考えてください。

落差のテクニックが使われた代表的な例がこちら。

『学年ビリのギャルが1年で偏差値を40上げて慶應大学に現役合格した話』

ベストセラーとなり、映画化もされた書籍のタイトルです。

学年ビリだった人が、慶應大学という超難関校に合格した。ここに落差があります。

これがもし、『学年トップの才女が高偏差値を維持して慶應大学に現役合格した話』だとしたら、まったく落差がないため、誰からも興味を持たれなかったでしょう。

私たちが感じている以上に、人は落差が大好きです。中には、落差に含まれるドラマを楽しみながら、さまざまな学びや発見、感動、教訓などを持ち帰る人もいます。

ベストセラー書籍には、このテクニックを使ったタイトルが数多くあります。落差を使ったタイトルの本を書店で探してみるのもおすすめ。落差をつけるコツが見えてくるはずです。

「落差」で興味・共感を惹く

落差なし	落差あり
11月3日に営業を再開します。	資金繰りが厳しく、一時は閉店も考えましたが、皆様のお力添えのおかげで11月3日に営業を再開します。
上半期で50件の契約を受注しました。	100戦100敗。入社以来3年間、一度も契約を取れなかった私が、上半期で50件の契約を勝ち取りました。
締切に間に合いました。	デザインの変更、文章の差し替えなど修正作業が次々に襲ってきましたが、なんとか締め切りに間に合いました。
おいしかったです。	レビューサイトの評価が低く期待していませんでしたが、食べてびっくり、おいしかったです。
Aさんは地方にとばされた。	Aさんは同期の中で最速で部長になったのに、突然地方にとばされた。

良い状態→悪い状態、悪い状態→良い状態の両方に使えます

POINT 15

【惹きつけテク③】
「オノマトペ」で表現

オノマトペというのは、擬音語、擬態語、擬声語のこと。

オノマトペを使って「音」や「心情」を表現すると、臨場感が生まれてぐっと伝わりやすくなります。

●オノマトペで情景がうかぶ

人が歩く動作ひとつとっても、「もたもた」「のそのそ」「よぼよぼ」「うろうろ」「せかせか」「どかどか」「よちよち」など、たくさんの表現があります。

オノマトペを使って物音や声、状況、心情などを描写することで、相手はまるでその光景を自分の目で見ているような臨場感を味わいます。上手に使えば、相手に深い印象を与えることもできます。

もっとも、オノマトペも、そもそも知らなければ使うことができません。「オノマトペを使ってみよう！」と思った時に、類語などを調べて、使えるオノマトペを増やしておきましょう。

［擬音語］	［擬態語］	［擬声語］
物が 発する音	状態や心情、 様子など	人間や動物の声 を表す表現
●ドッカーン ●チャリンチャリン	●そわそわ ●イライラ	●ゲラゲラ ●ワンワン

「オノマトペ」で臨場感を上げる

オノマトペなし	オノマトペあり
妻の表情が変わって、次の瞬間、殴られた。	妻の表情が**みるみる**変わって、次の瞬間、**パシン**と殴られた。
間もなく合同プレゼンの結果が出る。チーム全員が連絡を待っていた。	間もなく合同プレゼンの結果が出る。チーム全員が**そわそわ**しながら連絡を待っていた。
写真を見て、彼女は泣いた。	写真を見て、彼女は**しくしく**泣いた。
部長はカウンターに座るやいなや、ビールを一気に飲み干した。	部長はカウンターに**ドカン**と座るやいなや、ビールを**グビグビ**っと一気に飲み干した。

【惹きつけテク④】
「比喩」と「たとえ話」

　何かを伝えたいとき、別のものにたとえることによって、強調効果が高まるほか、わかりやすさもアップ。それが「比喩」の魅力です。使い方をマスターして、表現力に磨きをかけていきましょう。

●たとえ方は「直喩」「隠喩」の2つ

　比喩には2種類あります。直喩と隠喩です。

　直喩というのは、「彼女はまるで太陽のようだ」のように、「まるで○○のようだ、○○みたいだ」と別のものにたとえる技法です。一方、隠喩というのは、「彼女は私たちの太陽だ」のように、「ようだ」は入れずにたとえる技法です。

●「たとえ話」でさらにわかりやすく

　少し高度なテクニックですが、たとえ話を使うことによって、ピンときにくい話を、相手がピンときやすい（イメージしやすい）形に変換して届けることもできます。

　たとえば、

・物足りない→醤油をかけない卵ごはんのようなもの
・根本的な解決にならない→悪臭を放つごみに向けて消臭スプレーを放っているようなもの

　といった具合です。

「比喩」で想像しやすくする

比喩なし		比喩あり
部長の意志は固い。	▶	部長の意志はアタッシェケースのように固い。
彼は博識だ。	▶	彼はGoogle先生並に博識だ。
彼は事態を飲み込めず、口を開けていた。	▶	彼は事態を飲み込めず、はにわのように口を開けていた。
サウナ後、水風呂に入ると暖かい空気の層が体を包む。	▶	サウナ後、水風呂に入ると羽衣のように暖かい空気の層が体を包む。
課長が顔を真っ赤にして怒っている。	▶	課長が男梅のように顔を真っ赤にして怒っている。

手垢のついた比喩じゃないほうが印象に残ります

【惹きつけテク⑤】
「擬人法」で描写する

　擬人法というのは、**人間以外のものや現象を人間に見立てて表現する技法**のこと。擬人法のテクニックを使うと、事象や出来事をイキイキと描写できるようになります。

●擬人法を使うと光景が目に浮かびやすい
「そよ風が頬をなでる」

　そよ風自体は、本当は人間の頬をなでることはありません。けれども、「なでる」という擬人法を使うことによって、**そよ風の優しさや、寄り添ってくれるようなイメージが伝わってくる**のではないでしょうか。まるで人間とそよ風がコミュニケーションを図っているような、そんなことまで想像させることができます。

【擬人法の一例】
・今にも泣き出しそうな空
・地球が怒っている
・鳥が歌っている
・膝が笑う
・お利口なアプリ
・ペンを走らせる
・ニューヨークが僕を呼んでいる

「擬人法」で生き生きとさせる

擬人法なし	擬人法あり
朝からコピー機の調子が悪い。 ▶	朝からコピー機が不機嫌。ついにストライキを始めやがった。
大事な書類がなくなった。 ▶	大事な書類が行方不明だ。
スマホが壊れた。 ▶	スマホが死んだ。
デザインがぐちゃぐちゃ。 ▶	デザインが喧嘩している。
締切は延ばせない。 ▶	締切は待ってくれない。

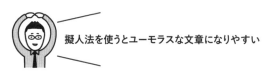

擬人法を使うとユーモラスな文章になりやすい

【惹きつけテク⑥】
「魅力的な数字」に加工する

　ビジネスシーンでは「数字」が重視されます。大事な要素にかかわる数字は、省くことなくしっかり伝える。これがビジネスシーンの鉄則です。さらにこの項では**データ上の数字をそのまま使うだけではなく、相手の気を惹くために「加工」するテクニック**について紹介します。

●具体化した数字を加工する
　STEP2では、できるだけ数字を使って具体化しましょうとお伝えしました。そこでの学びがここで活きてきます。
　どういうことかと言うと、5W3Hなどで具体化した数字は、単に事実をそのまま表した無機質なデータに過ぎません。
　たとえば、今年度の売上が3000万円で、昨年度は300万円だった場合。**「比較」のテクニックを使って、そのまま伝えることもできますが、加工して別の価値を伝えることもできます。**
「今年度は昨年度の10倍の売上を達成しました」
　もし会社として急成長していることを伝えたいのであれば、この表現のほうがいいでしょう。
　また、同じ量を表す数字でも、1gと表現するより1000㎎とした方が、視覚的にインパクトを与えられるというようなテクニックもあります。
　具体化した数字たちをじっくり見て、よりポジティブな印象に加工できそうであれば、積極的に磨き上げていきましょう。

「数字加工」でインパクトを出す

数字加工なし	数字加工あり
88人のお客様のうち81人が「商品に満足」と回答	お客様の92%が「商品に満足」と回答
6千万人以上の国民が使用	国民の2人に1人が使用
ビタミンC 1g配合	ビタミンC 1000mg配合
1万個のライトを使用したイルミネーション	10000個のライトを使用したイルミネーション
毎日ご利用いただけます	365日ご利用いただけます

こんな加工も効果大！

● **大きな数字を強調する**

例：120%の満足度でした！
大きな数字は目を引きやすい。

● **小数点以下の数字を使う**

例：わずか0.5秒で高速起動！
小数点以下の数字を使うことで高い精度やスピードを強調できる。

● **累計や総数を示す**

例：累計発行部数100万部を突破
大きな累計数を示すことで信頼性や人気をアピールできる。

【惹きつけテク⑦】
「ベネフィット」を伝える

マーケティング用語の1つに「ベネフィット」があります。「**ベネフィット＝顧客にとっての、その商品やサービスの利点**」です。人は、**商品やサービスのこまかい特徴よりも、自分にもたらされる効果・効能を知りたい**と考えています。

このことは、商品を購入するお客様はもちろん、ビジネスにおける交渉相手にも言えることです。人はベネフィットを知りたがっている。これを肝に銘じておくと、伝え方が変わってきます。

●「ハッピーな未来」を伝える

たとえば、スマートフォンのベネフィットは何でしょうか。特徴の1つに、高性能なカメラがついていることが挙げられます。これはこれでベネフィットであることには間違いありません。

しかし「スマートフォンには高性能なカメラがついているんですよ」と言われても、事実を伝達されたに過ぎないので"自分ゴト"として捉えることができません。つまり、心に響かないのです。

こういう場面では、「それがあると、あなたはこうなります」という、ハッピーな未来を伝えることが大事。**相手が"自分ゴト"として喜ぶもの、それこそが、本当のベネフィット**です。

たとえば、「スマートフォンについているカメラは高性能なので、動き回る子どもの表情もブレずにとらえ、思い出を鮮明に残すことができます」という具合です。小さい子どものいる親御さんには響く伝え方ではないでしょうか。

「ベネフィット」で"自分ゴト"化する

	ベネフィットなし	ベネフィットあり
フッ素樹脂加工の中華鍋	フッ素樹脂加工 ▶	焦げにくい／料理がおいしくなる／使う油の量が少なくて済む（コストパフォーマンスが高い）
ハンディマッサージャー	毎分約2500回のパワフル振動 ▶	デスクワークをしながら肩や首の凝りをほぐせる／血流が良くなって免疫力が高まる／マッサージ店に行く時間と費用をカットできる
ドライTシャツ	オーガニックコットン100％ ▶	汗をかいてもベトつかない／汗じみになりにくい／優しい肌触り（皮膚に優しい）／（吸水率が高いため）ムダな汗をかかなくていい／嫌な汗の匂いも取り除いてくれる／さわやかな着心地／洗濯しても傷みにくい
軽量ランニングシューズ	独自に開発した軽量素材 ▶	速いスピードで走れる／レースで記録更新を狙える／出張や旅行のときにも持ち運びしやすい
言語化力強化セミナー	言語化が上手になる ▶	誤解されず、情報や気持ちを伝えられる／コミュニケーションが円滑になる／相手と仲良くなれる／相手と信頼関係を築きやすくなる／交渉や営業などで成果を出しやすくなる／言葉で人を巻き込むことができるようになる

【惹きつけテク⑧】
印象的な「キーワード」を使う

　言語化が上手な人は、「おっ、それはどういうことだろう」と思わせる、興味を引くキーワードを巧みに使います。特にプレゼンテーションにおいては、相手を飽きさせないことが大事。

　たとえば、プレゼンの神様ともいえるスティーブ・ジョブズがiPhoneを初めて発表したときには、以下のような興味を引くキーワードを使い、聴衆を惹きつけました。

　「革命的」「マルチタッチ」「スリープからのスムーズな復帰」「iPod＋携帯電話＋インターネット通信機器」「自分の人生をポケットに入れているようなもの」……。

　それまでになかったコンセプトの、革命的な商品であることを予感させ、ワクワクしますね。

●掛け合わせや比喩を使って

　印象的なコンセプトやキーワードを作るためには、

①今あるものを掛け合わせて新しいコンセプトを作る。

　執事×カフェ＝執事カフェ

②比喩やたとえを使ってネーミングする。

　読書＝人生を変える自己投資プロジェクト

などの方法があります。STEP2で具体化した言葉を眺めながら、使える言葉がないか、言い換えができないかなどを考えましょう。

「キーワード」で興味を惹く

> アイディア発想術
> の訓練にも

[掛け合わせて新コンセプト]

● 掃除×ロボット　　→ **お掃除ロボット**

● オーディオ×本　　→ **オーディオブック**

● タワマン×文学　　→ **タワマン文学**

● ぬいぐるみ×癒し → **ぬいぐるみセラピー**

● フィットネス×英会話 → **フィットネス英会話**

[比喩やたとえでネーミング]

● IT 部門の天才 → **IT 部門のハリポタ**

● できる人になるセミナー → **エリート養成道場**

● メンタル疾患が数多く出る部署
　→ **ズタボロメンタル製造工場**

● 運をもたらす人 → **歩くパワースポット**

● 社内の情報を何でも知っている人
　→ **歩く社内ウィキペディア**

POINT
21

【惹きつけテク⑨】
大事なことは「繰り返す」

　言語化のゴールは相手に伝わることです。しかし仮に、その瞬間はたしかに伝わりはしたものの、すぐに忘れられたとしたらどうでしょう。それは本当に伝わったと言えるのでしょうか。

　私はNOだと思います。**相手の心に入り込み、行動に落とし込んでもらう。**それこそが究極の言語化です。そのために大切な表現のテクニックを紹介します。**「大事なことは繰り返す」**です。

●20分後には42%忘れる

　エビングハウスの忘却曲線という言葉を聞いたことはありますか？　これは、ドイツの心理学者であるエビングハウスが、人間の長期記憶について研究し、提唱した考え方です。この研究では、意味のないアルファベットを記憶させた後、どれだけ記憶を保持できているかを実験したところ、20分後には42%を忘れていることがわかりました。

　だからこそ「大事なことは繰り返す」必要があるのです。

エビングハウスの忘却曲線

勉強した20分後に42%忘れ
1時間後には56%忘れ
1日後には74%忘れる。

> プレゼンをした場合、プレゼン終了から20分後には、話した内容の42%が忘れられているかもしれない！

「繰り返し」で記憶に残す

●繰り返しになりますが、
正しい睡眠があなたの人生を変えるのです。

●くどいかもしれませんが、
正しい睡眠をとることによって、あなたの人生は変化します。

●念のため、もう一度だけお伝えしておきますが、
あなたの人生は正しい睡眠によって変わります。

●最後にもう一度だけ言っておきます。
正しい睡眠こそがあなたの人生を変えるのです。

言葉を置き換えながら、大事なことは繰り返して伝えましょう

【惹きつけテク⑩】「肯定的」に伝える

自分を否定するような言い方をされると、誰だって嫌な気持ちになりますよね。**お互いに気持ちがよい言語化をするために大切なのは、「肯定的に伝える」**ということです。

●「○○しないでください」はNG

たとえば、「ダラダラ仕事しないでください」と言われたら、誰だってカチンと来るでしょう。前述の「アサーティブに伝える」に通じるものがありますが、ここでも意識したいのは、**相手の立場に立って言語化する**ということです。

相手に気持ちよく行動してもらいたいなら、「○○しないでください」と否定形で伝えるよりも、「○○してください」と肯定する形で伝えたほうが、望む結果に近づきやすくなります。

先ほどの例で言うと、**「スピーディに仕事をしよう」と肯定して伝えるだけで印象が変わり、相手のモチベーションが高まりやすくなります。**

●言葉をポジティブに変換する

上記のように文脈を「否定→肯定」にするのではなく、**言葉自体をネガティブなものからポジティブなものに変換する**というのも有効です。「頑固」ではなく「信念を曲げない」、「いい加減」ではなく「おおらか」という具合です。

「肯定」で気持ちよく伝える

肯定的でない伝え方

居酒屋Aのマスターときたら、とにかく**愛想が悪いこと**で有名。

お客がお店に入ってきても、**しかめっ面**を崩しません。料理はおいしいが、終始**不機嫌なので、嫌悪感を抱く人も多そうだ。**

> 「否定的」に物事を見ると、書く文章まで殺伐とする。

肯定的な伝え方

居酒屋Aのマスターときたら、とにかく**がんこ職人**として有名。

お客が店に入ってきても、**真剣な表情**を崩しません。**客と馴れ合わないスタイル**ながら、出される料理は絶品。舌鼓を打たずにはいられない。

> 「肯定的」に物事を見ると、書く文章にも潤いが出る。

覚えておきたい！ 否定→肯定の言い換え

- 頑固／堅物⇔信念がある　●いい加減／がさつ⇔おおらか
- ずうずうしい／面の皮が厚い⇔物怖じしない　●怒りっぽい⇔熱い／熱血
- 無口⇔思慮深い　●気弱⇔繊細　●わがまま⇔自分を大切にしている
- おしゃべり⇔明るい／盛り上げ隊長　●飽きっぽい⇔見切りが早い
- 疲れた⇔頑張った　●退屈⇔平穏無事　●往生際が悪い⇔ねばり強い
- 行き当たりばったり⇔楽天的／行動力がある　●老けている⇔風格がある
- ドジ／おっちょこちょい⇔お茶目／憎めない存在　●冷たい⇔クール
- 鈍感⇔打たれ強い　●暇人⇔自由人　●古くさい⇔年季の入った
- 忙しい⇔充実している　●落ち着きがない⇔好奇心旺盛
- 怒られた⇔学んだ　●緊張感がない⇔自然体／肩の力が抜けている

楽しい言語化トレーニング❸

「伝達力」を磨くゲーム

ここではビジネスパーソンの「伝える力」を磨くために
最適なゲームを用意しました。
相手の心に刺さる言葉が何かを考えることによって、
魅力的なキーワードやキャッチコピーを作れるようになります。
ゲームのタイトル横に ChatGPT のマークがついているものは、
ChatGPT を使って取り組めるものです。
詳しくはp210〜の「ChatGPT で『伝え方』トレーニング」
をご参照ください。
ChatGPT が理解しやすいプロンプト（指示書）を作成すること自体も
「伝える力」を伸ばす役割を果たしてくれます。

❶言葉がけゲーム ChatGPT

　相手に合わせて最適な言葉を選ぶゲームです。以下のシチュエーションにおいて、どんな言葉がけをしますか？

【例題】
「卓上IHコンロ」を以下の人にすすめてください。
単身赴任者、家庭の主婦、シニア

【解答例】
［単身赴任者］コンパクトでどこでもひとり鍋ができる

［家庭の主婦］水拭きするだけで掃除が簡単

［シニア］火を使わないので火事にならない

【お題】
本書『言語化大全』を以下の人にすすめてください。

- 学生
- 社会人1年目
- 営業マン
- チームリーダーや管理職
- 小さなお子様のいるママ
- シニア

解答例は次のページ！ ➡

【解答例】

[学生]
就活の面接やES（エントリーシート）作成に使えます

[社会人1年目]
報連相がしっかりできて、会議でも積極的に発言できるようになります

[営業マン]
お客様への説明力やプレゼン力が高まります

[チームリーダーや管理職]
スタッフ（部下）とのコミュニケーション力が高まります

[小さなお子様のいるママ]
母親の言語化能力が高まると、子どもの語彙力が高まります

[シニア]
認知症の予防になります

ビジネスパーソンの言語化で大切なのは
相手の心に刺さる言葉を選ぶことです

❷ ネーミングゲーム　ChatGPT

「運をもたらす人」を「歩くパワースポット」と表現したように（p201参照）さまざまな物事に、キャッチーな"別名"をつけてみましょう。
「スポーツジム」なら「健康促進工場」といった具合です。

やってみよう！
何とネーミングすれば
伝わりやすい？

【お題】
ChatGPT

【解答例】

「ノー」と言わない最強アシスタント
スマホの中の第2の脳みそ

ChatGPTで
「伝え方」トレーニング

■論理的な文章の手本に最適

ChatGPTに文章を作成させると、非常に論理的な文章が出てきます。たとえば、いくつかキーワードを挙げて「これらのキーワードを使って、○○に関する文章を作成してください」とプロンプトを入力すると、お手本として参照できる程度の文章を出してきます。あるいは、構成がちぐはぐでだらだらとした文章を入力して、「この文章の構成を変えてわかりやすい流れにしてください」とプロンプトを打つと、構成を改善した文章が出てきます。

つまり、ChatGPTはゼロから文章を作成するライターにもなるし、文章を添削する赤ペン先生にもなるということです。手本となる文章を見て、自分の「伝え方」に還元していけば、言語化力はどんどん高まっていくでしょう。

ただし、文章の種類によってはロジカルさだけではなく、書き手自身の意見や感情が求められることもあります。残念ながら、ChatGPTには書き手のパーソナルな情報（感情、考え、真意など）を見抜く力はありません。ChatGPTが出力した文章に対し、いかに書き手のパーソナルな情報を織り交ぜていけるかが、今後の文章作成において大きなカギとなるでしょう。

「伝え方」を磨くゲームを
ChatGPTとやってみよう！

各プロンプト例をp30のＡのスペースに入力してみましょう

●言葉がけゲーム（p207参照）

【お題】『言語化大全』を６つのターゲットにすすめる

【プロンプト例】

> 以下6つのターゲットに向けて、言語化能力を磨く書籍『言語化大全』の購入
> 意欲を高める言葉をかけてください。#学生　#社会人1年目　#営業マン
> #チームリーダーや管理職　#小さなお子様のいるママ　#シニア

【ChatGPTとのやりとり例】

 もちろん、それぞれのターゲットに合わせた言葉を考えてみます。

1. **学生**
   - 「『言語化大全』を手に入れれば、レポートやプレゼンテーションでの表現力が飛躍的にアップ。試験や就活の際も、自分の考えを的確に伝える力が身につきます。これ一冊で、学生生活がより豊かに！」

2. **社会人１年目**
   - 「新社会人として仕事の中で意見や考えを伝える際、言葉に詰まった経験はありませんか？『言語化大全』は、ビジネスシーンでのコミュニケーションスキルを磨く必須のガイドブック。これからのキャリアを支える、信頼と実績の一冊です。」

3. **営業マン**
   - 「顧客との信頼関係を築くうえで、言葉の力は絶大。『言語化大全』は、あなたの提案をより魅力的に、そして説得力を持って伝えるためのツール。次回の商談での差をつける一冊、是非お手元に！」

4. **チームリーダーや管理職**
   - 「部下やチームメンバーとのコミュニケーションは、マネジメントの鍵。『言語化大全』を読むことで、指示やフィードバック、ビジョンの共有がよりスムーズに。リーダーとしての影響力を高め、チームの成果を最大化しましょう！」

●ネーミングゲーム（p209参照）

【お題】ChatGPT

【プロンプト例】

> 言葉に別名をつけて遊んでみましょう。たとえばスポーツジムの場合は「健康促進工場」。それでは、「ChatGPT」はどうなりますか？　10個挙げてください。

【ChatGPT の解答例】

 もちろん、面白いアプローチですね！「ChatGPT」に別名をつけてみましょう。

1. チャット知識のウィザード
2. 会話マジシャン
3. テキストの対話アーティスト
4. レスポンスの魔法使い
5. 言葉の賢者
6. 文字列の相談仲間
7. デジタル対話の専門家
8. テキストのコンシェルジュ
9. チャットコミュニケーションの導師
10. 文章の奇術師

これらの別名は、ChatGPTの対話能力とテキスト生成の特徴を表現しています。楽しんでいただければ幸いです！

アサーティブに伝える
練習もできる！

　アサーティブに伝えるというのは、相手に失礼がないように配慮することも含むので「そんなこと AI にできる！？」と思うかもしれません。ところが、それができるんです！

　試しに1つ、アサーティブではない文章を ChatGPT にアサーティブに修正してもらいましょう。

　シチュエーションは、マネージャーが、ミスの多いメンバーを指導する場面です。

【お題】アサーティブでない叱責の文章をアサーティブに

【プロンプト例】

> 次の文章を角が立たないようにアサーティブな表現にしてください。
> 「君はミスが多すぎる。この1か月だけで3回あった。1回目は納期を忘れていて先方から問い合わせがくるまで放置。2回目は発注先を間違えた。3回目は営業先で相手の名前を言い間違えた。なんで？　疲れてる？　やる気はある？　私にできることがあれば言ってほしい。できるだけサポートするから。チームの一員として、一緒に頑張っていこう」

ChatGPTの解答は？

【ChatGPT の解答例】

 君のミスが増えていることについて話し合いたい。この1か月だけで3つのミスがあった。1回目は納期を忘れてしまい、先方から問い合わせがくるまで放置してしまった。2回目は発注先を間違えてしまった。3回目は営業先で相手の名前を言い間違えた。もしかして、何か疲れているのかな？やる気はある？私はサポートすることができると思うから、もし何か私にできることがあれば教えてほしい。チームの一員として、一緒に頑張っていこう。

SA もう少し優しい言葉を足して、さらにアサーティブにできますか？

 君の頑張りはとても大切だし、ミスをしたからといって全てが否定されるわけではないよ。ただ、最近はいくつかのミスが見られたんだ。例えば、1回目は納期を忘れてしまい、その後の対応が遅れてしまった。2回目は発注先を間違えてしまったこともあったね。3回目は営業先で相手の名前を言い間違えたことだ。もしかすると、何か理由があるのかもしれないけど、私は君のやる気を知っているから、一緒に乗り越えられると思ってるよ。もしどんなサポートが必要なのか、教えてくれると嬉しいな。私たちのチームは団結して、共に成長していくんだから、これからも一緒に頑張ろう。

 一度出てきた文章に対して「もっと優しく」「丁寧に」など
指示を足していくと、修正した文章を出してくれます

言語化で
「自己実現」
する

—人生を作るのは言葉である—

どっちが
行動
できる？

言語化できない人

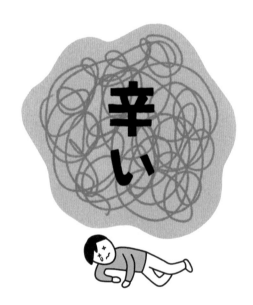

言語化できる人

忙しい　　孤独　　パワハラ

睡眠不足　　無趣味

ちょっと
スッキリ

小さくすれば
扱いやすい

言語化力は他者とのコミュニケーションだけでなく
自分自身を知ることにも役立ちます

言語化できると、
日常も未来も変わる！

　この章では、「うまく言葉にできない」を克服した、さらにその先。言語化力を活かすことで、あなた自身や、あなたの人生を取り巻く環境がどのように変化していくかについてお伝えします。

　「そんなに大げさなこと？」と、首をかしげるかもしれませんが、これは夢物語ではありません。私はこれまで、**文章講座の生徒さんたちがぐんぐん言語化力を上げて、夢を叶えていく姿**をたくさん見てきました。

　ある人は、希望の職に就くことができました。

　ある人は、上司に叱責される日々が続いていましたが、今では成長株として期待される人材になりました。

　またある人は、出版の夢を叶えることができました。

　本当に、こんな方ばかりです。

●言語化は自分自身を知ること

　なぜ、それほどまでに人生が好転するのか？

　その理由は、自分でもわかっていなかった自分の本当の気持ちや頭の中の情報を、「言葉」として取り出して、可視化できるようになるからです。それまでよく見えなかった、おぼろげな物が、文字という二次元のものとして認識できるようになる。そのとき初めて人は、情報として受け取ることができるようになります。

　つまり、**言語化とは、自分で自分に正しい情報を伝えることで**

もあるのです。

「なんか辛いなぁ」

「もう少し違うやり方がありそうなんだけどなぁ」

このように、**心の中や頭の中にかかったモヤを放置していても、事態は何も変わりません。**

「辛い」という感情を具体化してみたら、原因が通勤の満員電車にあることに気づくかもしれません。

そこに気づけば、オフピーク通勤をしたり、自転車通勤をしたりするなど、対策を講じることができます。

また、「もう少し違うやり方」を具体化していけば、より生産性が高いwin-winのルートが見つかるかもしれません。

●人生は、あなたの言葉でできている

たかが言語化。されど言語化。

人間は言葉を使ってコミュニケーションを図っています。言い換えれば、**毎日毎日、瞬間瞬間、あらゆる場面で「言語化力」が問われているわけです。**

周囲の人たちは、そんなあなたを言語化の質で判断します。

あなたの体が、あなたの食べた物でできているように、あなたの人生は、あなたが育み、発する言葉でできています。

頭の中で考える言葉を含め、**あなたの言葉が変われば、あなたを取り巻く環境も、人生も変わっていく**のです。

さぁ、次に人生を変えるのはあなたです。

これからあなたに起こる変化を1つずつ見ていきましょう。

感情がコントロールできて
ストレスが減る

　人生にはストレスがつきものです。やりたくない仕事もあれば、どうしてもウマが合わない人もいる。「嫌な気持ち」を抱くことは、人間にとって、ある意味、仕方ないことなのかもしれません。

　そんなストレスの除去に一役買うのが言語化力です。**ストレスの原因となる"曖昧な感情"を言葉で的確に捉えることによって、ストレスを大幅に減らす**ことができるのです。

●漠然とした「感情」の正体は？

　たとえば「怒り」という言葉。これを見て、あなたはどのような映像が頭に浮かぶでしょうか。

　「怒り」に限らず、感情の多くは抽象的です。「私は今、怒っています」というメッセージが届いたとき、鬼の形相で怒っている映像を思い浮かべるかもしれません。でもメールの送り主は、本当はひざから崩れ落ちて泣いているかもしれないのです。

　コミュニケーションを成り立たせるためには、相手の本当の状態を、より具体的に把握する必要があります。

　これは他者とのコミュニケーションに限らず、**自分自身と向き合う時も同じ**です。

　つまり、漠然とした「感情」をできるだけ細かく分解していき、その正体を突き止める必要があるということです。

●感情をグラデーションで持つ

感情を具体化する方法として、「感情をグラデーションで持つ」ことをおすすめしています。**そのために必要なのは語彙力です。**

たとえば、「怒り」の感情が芽生えたとき。極論ですが、仮にその人が「怒る＝ぶっ殺す」という言葉しか持っていないとします。すると、本当は少しイラっとしただけなのに、「怒り」を感じた瞬間に「殺してやる！」と思うかもしれません。

一時期、社会問題になった「キレる子ども」たち。**この原因として「言語化力の低さ」を指摘する声もあります。**語彙力が低い子どもが、自分の感情を把握できない弊害は想像に難くありません。

大人も例外ではありません。「辛い」という感情を「違和感を抱く→気になる→不安・懸念→不快→苦しい→苦痛→絶望的な苦しみ→抑うつ→生きていられない」とグラデーションで捉えられている人は、自身の感情を管理できている人です。彼ら彼女らは常に感情の現在地を見極め、適切に対処しています。

感情をマネジメントすることは、取りも直さず人生をマネジメントすることです。

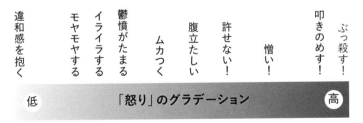

| 低 | 「怒り」のグラデーション | 高 |

違和感を抱く／モヤモヤする／イライラする／鬱憤がたまる／ムカつく／腹立たしい／許せない！／憎い！／叩きのめす！／ぶっ殺す！

「怒り＝ぶっ殺す！」しか言葉がないと
本当に殺してしまうかもしれない

感情がふっとわいたらその震源地に目をやって、まずは規模や状況の把握に努めましょう。これはどれくらい大きな感情なのか、グラデーションの濃度を確認します。

　すると、「たしかに怒りの感情がわいたけど、イラっとした程度。放っておけば気持ちは落ち着くだろう」と冷静に考えられます。

●正体がわかればストレスも減る

　人間は、つかみどころがないものに対して恐怖やストレスを感じます。自分の感情も同じです。モヤっとした感情を冷静に言語化できたら、それだけで落ち着いてきます。

　実際、怒っているときに「自分は今、怒っている」と自覚するだけで、怒りの半分は減少するといわれています。

　感情を言葉でつかまえることは、すなわち「自分を客観視」すること。客観視できれば、その感情にのみ込まれることも翻弄されることもなくなります。

　なお、感情を適切に把握できるようになることは、目標や夢を叶えやすくなるパスポートを手に入れることでもあります。なぜなら、チャレンジするときの障害になりやすいネガティブな感情（恐れや不安など）を、そのつどスピーディに癒していけるからです。

　また、たとえ失敗をしても、感情を適切に処理することで、すぐに立ち上がり再び歩き始めることができます。

　胸に渦巻く「悲しさ」や「辛さ」を放置するのか、言葉を使ってその正体を把握するのか、その差があなたのその後の人生を決めるのです。

感情の正体が分かればストレスが減る

正体不明

正体判明

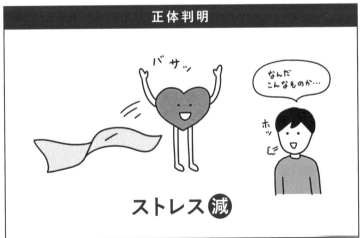

メンタルブロックが外れ
自分に自信がつく

　言語化が苦手な人の中には、**言葉にすることにメンタルブロックがかかっている人**もいます。

　伝えたいことはあるのに、「これを言ったら恥ずかしい」「これを言ったら相手に嫌われるんじゃないか」と、喉元まで出かけた言葉を飲み込んでしまうのです。

　そのせいで、**周りからは「自分の意見がない人」「愛想笑いばかりしている人」と見なされてしまう**のです。中には、自分の気持ちを素直に表現できない自分に自己嫌悪を抱く人もいます。

　この手の**メンタルブロックによく効く処方箋**があります。

●言語化を阻むメンタルブロックとは？

　私の文章講座の生徒さんに、Ａさんという方がいました。

　ＡさんはITベンチャーに務める社会人5年目で、いわく「言語化することも、文章を書くことも、どちらも苦手です」。

　特に苦手なのが会議。上司が必ず**メンバーに意見を求めてくる**そうですが、**Ａさんには、その時間が苦痛でしかない**と言います。

　「Ａさんはどう思う？」。こう言われた瞬間、背筋にビリビリっと電流が走ります。メンバー全員の視線がＡさんに集まるのを感じると、額と手のひらから汗がにじみ出てくるそうです。

　私ははじめ、上司が怖い人なのかな？　と思いましたが、優しく頼り甲斐のある上司のようです。話を聞きながら、私はピンと

来ました。**Aさんは、言語化が苦手なのではなく、言葉にすることにブロック（＝恐れ）があるのではないか**、と。

なぜなら、Aさんによる「わが身に起きたことの説明」がとても上手だったからです。とても言語化ベタとは思えません。

しかしその一方で、意見や感想を求めると、口ごもりがち。何か言葉を発しても、「ええ、もしかすると○○な感じかもしれませんね」「まぁ、○○と言えないこともないと思います」という具合に語尾を丸めてしまうのです。

そう、自分の考えを明確に伝えない。なぜそんな言い方をしてしまうのか、本人もよくわかっていないようでした。

● **メンタルブロックの原因は "思い込み" が多い**

私は、相談に乗る中で、**Aさんのメンタルブロックの原因がAさん自身の "思い込み" にある**と確信しました。

Aさんは中学生の時に母親から「あなたは、何を言っているのかわからない。人前でしゃしゃり出ないほうがいい」という言葉を投げかけられたと言います。Aさんはショックを受けたそうです。「お母さん以外の人に、似たような指摘を受けたことはありますか？」と聞くと、「それはない」とのこと。では、お母さんにしつこく言われ続けてきたのかというと……それも違うとのこと。つまり、Aさんは、**お母さんに、たった一度言われた言葉を重く受け止めて、みずからに「話すのがヘタ」という烙印を押してしまった**のです。

私はAさんに、お母さんに確認を取ってもらうことにしました。すると、お母さんは、「そんなこと言ったっけ？」と目を丸くして

いたそうです。

　実はＡさんのような方は、世の中にたくさんいます。**子どもの時に親や周囲の大人から話し方や文章の書き方へのダメ出しを受けて、**メンタルブロックを持ってしまった人たちです。大人になってもそのブロックを持ち続け、言葉や文章で何かを伝えるときに「誰かに批判されるのでは？」と不安がってしまうのです。

　これは他の生徒さんの例ですが、30個ものブログ記事を書いたにもかかわらず、すべて下書きしたまま公開をためらっていた人もいました（いずれの記事もよく書けていました）。

　原因は先ほどのＡさんとほとんど同じです。「こんな文章では誰かに笑われる」と思い込んでいたのです。

●「日記」に自由に書き出す効用

　そこで、私はＡさんに、**日記を書くことをすすめました。**

　誰に見せるものでもありません。**過去のことや、今日の出来事、そのときわいた感情などを、自由に書き出していく**だけです。

　その際、できる限り**ネガティブな言葉はポジティブに変換して書く**ようアドバイスしました。お母さんに言われた言葉についても「あれはお母さんが悪気なく言っただけ。実際の私は、話すことも書くことも得意でうまい！」のように書くことを促しました。

　日記をつけ始めて以降、Ａさんは変わっていきました。**最大の変化は、考えや気持ちを言語化するときの葛藤が弱まったことで**

す。「こんなことを言って大丈夫かな？」と不安に思うことが激減
したと言います。お母さんに言われた言葉についても「なんで、
あんなことを気にしていたんだろう？」と笑い飛ばすほどになり
ました。

● **寝る前の「5分日記」でブロックが外れる**

　日記を書くときは、寝る前の5分でOK。以下の4点を心がけ
てみてください。

①毎回、初めに「**"完璧でない自分" で完璧**」と書く
②自分が**楽しいと感じることや、感謝できること**を中心に書く
③ネガティブなことを書いても OK。まずは、その感情を味わい
　尽くします。そのあと、もし気持ちがスッキリしているような
　ら、「**ネガティブな感情さん、ありがとう**」と感謝の気持ちをこ
　めて、その言葉にそっと×印をつける
④毎回、最後に「**私は自分の言葉で誰かの役に立つことができる**」
　と書く

　日記を習慣化するうちに、ネガティブな思考がポジティブな思
考に書き換わり、次第に不安や生きづらさが消えていきます。そ
の結果、言語化する自信が生まれ、自分のことがどんどん好きに
なっていきます。

人間関係が改善し、
チームの生産性が最大化する

　人間関係がうまくいかない原因のひとつに、コミュニケーション不足があります。「挨拶したのに返事がない」。そんなことがあると、「あの人は私のことが嫌いなのかもしれない」と考えるかもしれません。そして、次第に相手を避けるようになる。

　すると、相手もあなたに嫌われていると感じて、負のスパイラルに陥りどんどん関係が悪化していく……。本当は、挨拶が聞こえなかっただけかもしれないのに、**お互いが頭の中で勝手に妄想をふくらませ、関係を複雑にしてしまっている**のです。

　この手の悲劇を防ぐ方法は、やはり「言語化」です。

　人の頭の中は誰にも見えません。だから言葉や文字で伝えるほかないのです。

　逆に言うと、それさえできるようになれば、人間関係はみるみる改善されていきます。少なくとも、すれ違いや誤解に振り回されることはなくなるでしょう。

　「言語化」があなたにもたらす奇跡「人間関係が良好になる」について、お話ししていきます。

●言葉が「抽象的」だとトラブルが起きやすい

　たとえば「あの資料、コピーを取っておいて」と言われたとします。「あの資料ってどれかな？」。あなたは「？」と思いましたが、明日は定例会議の日。「多分、これのことだろう」と思って会

議資料のコピーを取り、相手に渡しました。すると相手は言います。「違うよ、これじゃなくて、明後日Ａ社に持参する資料だよ」。

このとき、お互いの気持ちは、きっとこうでしょう。
「まったく、勘の悪いやつだな」
「なんだよ、はっきり指示しろよ」
この手の例は挙げればキリがありません。
「あの件、どうなってる？」←（えっ、どの件ですか？）
「早めに仕上げてって言ったよね。待ってるんだけど」（←えっ、早めにって今日中だったんですか？）

●「質問」で食い違いを防ぐ

果たして誰が悪いのか？

もちろん、曖昧な指示をした相手の責任は大きい（言語化力が低い状態です）。かといって相手を変えることはそう簡単ではありません。**あなた自身の力でこの「食い違い」を防いでいかなければいけないのです。**

食い違いを防ぐために意識すべきは、**頭に「？」が浮かんだ瞬間に質問をする**ことです。
「あの資料というのは、どの資料ですか？」「いつまでに何部コピーを取ればいいですか？」。

あなたがそう質問すれば、相手は具体的に答えてくれるでしょう。
質問力もまた言語化力の一部です。

●質問するのは恥ずかしいことではない

質問することを、「恥ずかしい」「カッコ悪い」と感じる人もいますが、そんなことはありません。「質問できる」ということは、あなたにわからないことを見極める力があるということ。**曖昧さを排除して、ミスやトラブルが生じる芽をつむことができる**わけです。そんな自分に胸を張りましょう。

人に何か言われた時に、頭に「？」が浮かぶということは、あなたの「具体化」がすでに板についている証拠でもあります。相手が発する言葉に対して、足りない情報やおかしな情報を見極めることができる。これは、言語化力が低い人にはできないことです。

「相手の言葉を読解する→疑問点を質問する」というプロセスで、ほとんどの誤解や食い違いを防ぐことができます。

言語化が苦手なのは、あなただけではありません。あなたの周りにいるあの人やこの人も実は苦手にしています。

本書で言語化について学んだあなたには、**ぜひとも、周りの人の言語化もサポートしてあげてほしい**と、私は思います。

自分だけでなく、**周りの人の言語化力が高まったとき、そのチームの生産性は最大化**します。

お互いの理解が深まり、誤解やわだかまりのない関係性が醸成されていきます。サポート活動の先には、そんな"楽園"が待っているのです。

課題解決力が上がり、「必要とされる人」になる

言語化力が高まった先には、ビジネスシーンで活躍をするあなたがいます。AIが発達し、専門的な領域ですら仕事が奪われていくであろう未来。そんな未来に活躍する人材になるためには、人間にしかできない能力を高めていることが必須です。

人間にしかできない能力とは？

私はそのひとつが「課題解決力」だと考えています。

●「課題解決力」は全社会人が磨くべき

「課題解決力」というと、コンサルタント的な職種の人しか使わない能力だと思うかもしれません。

しかし、そんなことはありません。「課題解決力」をもっと簡単な言い方にすると「課題の原因を探りそれを解決するためのプランを立てる力」のこと。すべての人に備わっている能力です。

課題を解決するには、原因を「具体化」していくプロセスが欠かせません。

たとえば、部署のシュレッダーのゴミ箱が、詰まりやすいことが問題になったとします。この場合も、まず原因を「具体化」したうえで、それぞれの解決策を具体的に考えていきます。そもそも原因を具体化できなければ、（手がかりがないため）解決策を導き出しにくくなります。

原因の具体化	解決策の具体化
1 ゴミ箱の キャパを超えているのに、 紙を裁断する人がいる	**1′** 「ゴミ箱の8割を超えたら 中身を空にする」という ルールを設定
2 ゴミ箱にどれくらいの 紙が溜まっているかが、 ぱっと見てわかりにくい	**2′** 8割のところに ラインを引き、 一目でわかるようにする
3 ゴミ箱が満杯になったとき 誰がゴミを捨てるのか 決まっていない	**3′** 8割を超えたら総務部に 連絡をして、総務の人が ゴミ箱を片付ける

こんな風に、課題の原因を特定し、<mark>課題解決に向けて具体的なプランを立てられる人は、どんな分野でも必要とされ、活躍できる</mark>はずです。

ビジネスシーンだけではなく、日常生活においても、不便に感じることや、違和感を抱くことは意外と多いもの。それらに気づいた時に解決策を講じることができれば、生活が快適になるだけではなく、大きなビジネスチャンスをつかむこともできるかもしれません。いずれにしても、課題解決力を磨くうえで「具体化」のステップは必要不可欠です。

企画力が上がり
自分を「ブランディング」できる

STEP3の「伝え方」のところで、2つの言葉を掛け合わせて、魅力的なキーワードやコンセプトを作る方法をお伝えしました。

こうした「企画力」は、実は自分のブランディングにも応用できます。

●企画力で自分をブランディングする

精神科医の樺沢紫苑先生をご存じでしょうか。SNSやメールマガジン、YouTubeなどで累計100万人以上に、精神医学や心理学、脳科学の情報をわかりやすく伝えている「言語化」の達人です。

以前、樺沢先生から非常に興味深いお話を伺いました。

先生の名前が最初に世に知れたきっかけは、映画評をつづるメルマガでした。当時、ブログなどに映画評を書いている人は山ほどいました。さて、その中で樺沢先生が頭角を現すことができた理由は、何だったと思いますか?

答えを言います。

それは「精神科医×映画評論家」という掛け算を行なったことで、オンリーワンの存在になったからです。

実際、先生の映画評は説得力が満点です。

STEP2で「具体化する際に便利な思考のものさし」について紹介しましたが、先生もこの「ものさし」をよく使われています。

先生の「ものさし」の中でも秀逸なのが「父性・母性」です。「この主人公は父性（＝力強さ）が欠けている」のように見ていくことで、映画の登場人物がなぜそういう発言や行動をしたかがはっきりと見えてくるのです。たとえば、名作『スター・ウォーズ』は、先生の言葉を借りるなら「父親探し」と「父親殺し」の物語です。

「ものさし」を使った具体化にせよ、２つの言葉を掛け合わせた企画力にせよ、樺沢先生の言語化力は圧巻の一言。

「悩み解消×言語化」の掛け算で企画された先生の著書『言語化の魔力　言葉にすれば「悩み」は消える』（幻冬舎）もおすすめです。

●「掛け算」で希少性を高める

　思えば私自身も、この掛け算を使っています。

　出版社を辞めて、ブログを始めて数年たった頃。アクセス数がどんどん伸びていき、ブログ読者から「文章の書き方を教えてください」というメッセージが届くようになりました。

　それまで、私にとって文章とは「書く」ものであり、「教える」という発想が全くありませんでした。そのメッセージを見てはじめて「そうか、そういうニーズがあったのか」と気づいたのです。

　ニーズに応えるべく文章講座を開いたところ、ありがたいことに好評を博すこととなり、今では多数の企業研修を預かるほか、25冊以上の書籍も発行しています。「文章×教える」という掛け算によって、希少性が高まったことが功を奏したのです。

● **1位と2位の強みを掛け合わせると最強！**

さて、あなたはどうでしょうか。

何か1つのことで抜きん出ることは、なかなか難しいもの。

一方で、2つの言葉を掛け合わせる「○○×○○」であれば、瞬時にオンリーワンの存在になることができます。

まずは、**あなたの強みや特徴を「具体化」して、その中で特に優位性が高い2つを掛け合わせてみましょう。**

たとえば、フリーライターのAさん。あまり仕事が取れず困っています。Aさんは無類の映画好きなことを活かし、「映画ライター」と名乗り始めました。ところが、世の中には映画ライターと名乗る人が数多くいるため、なかなか頭角を現すことができません。そこで、もうひとつ、自身の特徴である「ディズニー推し」という側面を掛け合わせることにしました。「映画ライター×ディズニー推し」で「ディズニー映画専門ライター」の誕生です。掛け算をした瞬間にオンリーワンのポジショニングに成功しました。

ディズニー映画は日本でも人気があるほか、定期的に最新作が公開されます。映画メディアの担当者は、どうせ記事を書いてもらうなら詳しい人に任せたい、と思うはずです。

もしAさんが何の掛け算もせず、フリーライターと名乗り続けていたら人生は何も変化しません。「○○×○○」という言語化に踏み切ったからこそ人生が動き始めたのです。

あなたは何か1つに固執していませんか？　自分の中に隠れている特徴や強みに光を当てて、いろいろと掛け算してみましょう。

生き方に軸ができる

　Aさんの話を聞けば、「うん、賛成」と思うのに、逆の立場のBさんの話を聞くと、「こっちもありだな。う〜ん、自分はBさん派かもしれない」。こんな風に**自分の感情が揺れて、どっちつかずになる**ことはないでしょうか。

　これも言語化を苦手にしている人の特徴のひとつです。なぜ感情が揺れてしまうのか？　**それは、生き方に軸がないから**です。

●軸があると言語化しやすい

　生き方に軸がある人。たとえば「病気を治すという考え方ではなく、病気を予防するという考え方を持つことが大事」という軸（＝価値観）を持っている人がいるとします。その人は、**あらゆることを、その価値観を切り口にして言語化する**ことができます。
「コンビニで売られている加工食品をどう思いますか？」と質問されたときに、その人はこう答えることができます。
「加工食品の中には、保存料、甘味料、着色料、香料などの食品添加物が多く使われているものもあります。それらをあまりに頻繁に体に入れると健康被害につながるリスクが高まります。コンビニ食が習慣化している人は少し注意したほうがいいでしょう」

　内容の良し悪しは別として、自分の考えをしっかり言語化することができている点は評価できます。
　このように、**軸となる価値観がある人は、その軸を基準に、迷**

236

いなく「賛成・反対」の表明をしていきます。

　一方、軸がない人は、判断基準となる価値観がないため、「賛成・反対」の表明に苦労を強いられます。中には「いや、どう思うと言われても……あまりよくわかりません」や「私はどっちでも……」のような曖昧な返答をしてしまう人もいます。

　もちろん、ビジネスにおいても、軸を持つことは大切です。

　たとえば、ある人が「すべての人に優しくしよう」という軸を持っているとします。その人は、仕事の企画を考える際にも、「これって、親には優しいけど、子どもたちには優しくないのでは？もう少しコンセプトを練り直そう」のように考えます。このように、軸というのは、その人の思考はもとより、思考の先にある成果物（仕事の結果など）にも大きな影響を与えるものなのです。

　時には自分が大事にしていた軸＝価値観がひっくり返るような情報に出会うこともありますが、**それは、その人の軸をアップデートするいい機会**です。更新された軸は、さらに頼り甲斐のある基準として、あなたの言語化を助けてくれるでしょう。

● 「人生の軸」もおのずと築かれていく

「軸の大切さはわかったけど、今の自分には軸がありません」

　そんな人も少なくないはずです。そんな方には「あせらなくて大丈夫ですよ」とアドバイスを送ります。

　軸というのは、その人の人生の柱にもなり得るものです。そんな重要なものを慌てて見つける必要も、急いで見繕う必要もありません。だから、どうか安心してください。

軸もまた言語化の産物です。

さまざまな言葉・情報に触れながら言語化力を伸ばしていくうちに、自然と人生の軸が形を帯びていくのです。

前述したように、言語化力が上がるほどに、自分の本当の感情がわかるようになってきます。

人生の軸というのは、思考や感情の集合体のようなもの。

あなたの「好き」という感情や、「素晴らしい」と感じる出来事などの「点」が、徐々に増えていき、次第に線や面となり、やがて軸へと成長していくでしょう。

今は、あなたを心地よくしてくれる、あるいは、心から納得できる言葉や情報を集めていく時間です。そうして集めた情報の中に、多かれ少なかれ「未来の軸」の種が含まれています。たくさん種を集めながら、あなたらしい軸へと育んでいきましょう。

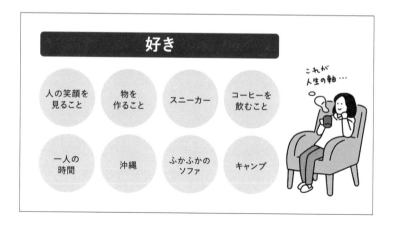

POINT
08

夢が叶いやすくなる

　大リーグで活躍する大谷翔平選手。彼が作成した目標達成表を
ご存じの人も多いでしょう。大谷翔平選手が、高校1年生のとき
に作成した、いわば"夢実現シート"です。

体のケア	サプリメントを飲む	FSQ 90kg	インステップ改善	体幹強化	軸をぶらさない	角度をつける	上からボールをたたく	リストの強化
柔軟性	体づくり	RSQ 130kg	リリースポイントの安定	コントロール	不安をなくす	力まない	キレ	下半身主導
スタミナ	可動域	食事夜7杯朝3杯	下肢の強化	体を開かない	メンタルコントロールをする	ボールを前でリリース	回転数アップ	可動域
はっきりとした目標、目的を持つ	一喜一憂しない	頭は冷静に心は熱く	体づくり	コントロール	キレ	軸でまわる	下肢の強化	体重増加
ピンチに強い	メンタル	雰囲気に流されない	メンタル	8球団からのドラフト1位指名	スピード160km/h	体幹強化	スピード160km/h	肩周りの強化
波をつくらない	勝利への執念	仲間を思いやる心	人間性	運	変化球	可動域	ライナーキャッチボール	ピッチングを増やす
感性	愛される人間	計画性	あいさつ	ゴミ拾い	部屋そうじ	カウントボールを増やす	フォーク完成	スライダーのキレ
思いやり	人間性	感謝	道具を大切に使う	運	審判さんへの態度	遅く落差のあるカーブ	変化球	左打者への決め球
礼儀	信頼される人間	継続力	プラス思考	応援される人間になる	本を読む	ストレートと同じフォームで投げる	ストライクからボールに投げるコントロール	奥行きをイメージ

出典:スポニチ2013年2月2日記事を参照して作成

大谷選手は、9×9＝計81個に細分化したマスに目標を書き込みました。**大谷選手が中央のマスに書いた夢は「8球団からのドラフト1位指名」**でした。その周囲の8マスに「体づくり／人間性／メンタル／コントロール／キレ／スピード160km/h／変化球／運」と書き込み、さらに、それぞれの項目を中心に置き、その周囲に8個ずつ目標を書き込みました。**具体化につぐ具体化**です。

　たとえば、「メンタル」の項目には「はっきりした目標、目的を持つ／一喜一憂しない／頭は冷静に心は熱く／雰囲気に流されない／仲間を思いやる心／勝利への執念／波をつくらない／ピンチに強い」という具合。野球に詳しい人であれば、今の大谷選手がこれらのメンタルを持ち合わせていることに腹落ちするでしょう。

　さて、大谷選手がこの目標達成表を埋めた時に、何が起きたのでしょう？　そう、STEP1で紹介した脳機能の**「RAS（ラス）」が発動した**はずです。つまり、書き出した項目に関する情報がどんどん大谷選手のもとに集まってきたほか、書き出した大谷選手自身の意識や行動も大きく変化したはず。**「8球団からのドラフト1位指名」の実現に向けて、人生がダイナミックに動き始めた**のです。

●言葉にすれば道が拓ける

　目標を書き出すだけでも効果絶大ですが、**ことあるごとに、書き出したことを口に出すことも大事。**なぜなら、口に出すことで、自分の「無意識」へと目標を刷り込むことができるほか、目標に共感してくれた誰かがサポートしてくれたり、必要な人やモノを紹介してくれたりする可能性も高まるからです。

● **具体化した目標を達成すれば夢が現実に**

夢を叶えるためには、夢の正体を明らかにすることが必須です。

大谷選手の例でも、「8球団からのドラフト1位指名」という明確な目標が存在しました。具体化して書き込んだ項目も、すべては「8球団からのドラフト1位指名」を受けるために必要な要素です。逆に言うと、具体化した目標をどんどん達成していくことによって、大目標である「8球団からのドラフト1位指名」が叶うシステムになっているわけです。

9マスでなく、ノートに箇条書きにしても構いません。あなたに達成したい目標や夢があるなら、まずは書き出しましょう。

さらに、あなたが夢や目標を人に伝えたりSNSで発信したりすることで、「それについて詳しい人を知っています」「それに関連するアプリがあります」「それに関するセミナーがあります」という具合に、あなたに必要な情報が集まってきやすくなります。驚くほど大きなチャンスが舞い込んでくることも珍しくありません。「言葉（＝情報）」とは、自分や他人を動かすためのプログラムコードでもあります。「私は売れない営業マンだ」とコードを打ち込む人には、売れない営業マンに必要な情報や環境や未来が届けられます。一方で、「私は月に1000万円を売り上げるスーパー営業マンだ」とコードを打ち込む人には、スーパー営業マンにふさわしい現実が届けられるのです。

あなたやあなたの人生を作り出しているものは「言葉」にほかなりません。このことを、どうか忘れないでください。

楽しい言語化トレーニング❹

「発想力」を
はぐくむゲーム

言語化力を高めることは、
日常のコミュニケーションを変えるばかりでなく、
自己実現の助けにもなります。
ここでは、ブランディングや課題解決などに役立つ
「発想力」を高めるゲームを2つ用意しました。
さまざまなアイディアを生み出す「発想力」は、
人生を切り開く鍵ともなります。ぜひ、取り組んでみてください。
ここで紹介する2つのゲームは、
ChatGPT を使っても取り組めるものです。
詳しくはp246～をご参照ください。
意外にも、アイディア出しはChatGPTの得意とする領域です。

❶掛け算コンセプトゲーム ChatGPT

　あるテーマとテーマを掛け算すると、新たなものが生み出せます。企画を作る時にも、自分のブランディングにも使える方法です。いろいろなものを掛け合わせて新たなコンセプトを生み出してみましょう。

【例題】
「バス（車）」に〇〇を掛け算して新たなコンセプトを作ってください

【解答例】
・バス×リモートワーク　リモートワークバス
・バス×マッサージ　マッサージバス
・バス×ペット　ペットバス
・バス×不登校　不登校児のための学習バス
・バス×eスポーツ　eスポーツバス

【お題】
「カフェ」に〇〇を掛け算して
新たなコンセプトを作ってください。

解答例は次のページ！ ➡

【解答例】

カフェ×筋トレ
筋トレカフェ

カフェ×カードゲーム
カードゲームカフェ

カフェ×ラップバトル
ラップバトルカフェ

カフェ×手芸
手芸カフェ

カフェ×園芸
園芸カフェ

カフェ×片づけ
片づけカフェ

業界×業界など、抽象的なテーマだと掛け算しにくいです。
具体的にするのがポイント!

❷「惜しい」の理由を探すゲーム ChatGPT

何かの体験をして、満足度が低かったとき。「惜しい」「もったいない」と感じた場合に、どうすればよくなるのか考えてみましょう。

【お題】
料理はおいしいのに
そのお店に再訪する気になれないとき。
どんな「惜しい」が隠れているでしょうか？

【解答例】

・店内が整理整頓され掃除が行き届いていれば
　さらに満足度が高まる
・もう少し接客の言葉がソフトだと好感度が高まるはず
・ポイントカードがあれば毎日通うのに
・学生割引があればいいのに
・テーブルコーディネートをすれば写真が映えるのに

ChatGPTで
「発想」トレーニング

ChatGPTは仕事が早く従順なアシスタント

たとえば企画書を書いているときに、いくつか事例を挙げたいのに1個しか思いつかない。そんな時もChatGPTは役に立ちます。

プロンプトはそのまま素直に書けばOK。「○○なシチュエーションにおいて△△の事例をいくつか挙げてください」という具合です。まるで、優秀なアシスタントと会話をしているような感覚でアイディア出しが進みます。

しかも、ChatGPTはどんなに無茶なお願いをしても機嫌を損ねないのがいいところ。「○○の例を30個出して」と伝えても大らかに対応してくれます。

もちろん初めから使える例はなかなか出てきませんが、

・もう少し身近で具体的な例を挙げてください
・もう少し斬新な切り口で挙げてください

などと追加のプロンプトを入れることで、より自分のイメージに近い事例が出てきます。

そのまま使えなくても、発想のヒントになるはずです。

●掛け算コンセプトゲーム（p243参照）

【お題】カフェと〇〇を掛け合わせた新コンセプト

【プロンプト例】

> ゲームをしましょう。次の言葉に新しい言葉を掛けて、新しいビジネスのヒントにしたいです。たとえば、筋トレ×カフェ＝筋トレカフェのように。あなたならカフェになんという言葉を掛けますか？　５つ挙げてください。

【ChatGPTとのやりとり例】

 もちろんです。新しいカフェのアイデアを以下に5つ提案します。

1. カフェ×ゲーム ＝ ゲームカフェ（ボードゲームやビデオゲームを楽しめるカフェ）

2. カフェ×アート ＝ アートカフェ（アート作品を展示しながら飲食ができるカフェ）

3. カフェ×リラックス ＝ リラックスカフェ(リラックス効果を提供する空間で飲食ができるカフェ)

4. カフェ×ワークショップ ＝ ワークショップカフェ（ワークショップイベントを開催するカフェ）

5. カフェ×ヨガ ＝ ヨガカフェ（ヨガクラスを受けながら飲食ができるカフェ）

 「もっと意外性のあるものを挙げてください」のようにお願いすると、意外性のあるアイディアを出してくれます

●「惜しい」の理由を探すゲーム（p245参照）

【お題】レストランが「惜しい」理由は？

【プロンプト例】

> あるレストランに行きました。料理はおいしかったのに、再訪する気になれませんでした。どのような理由があると考えられますか？　10個挙げてください。

【ChatGPTとのやりとり例】

 レストランの料理がおいしかったにもかかわらず、再訪をためらう理由はさまざまです。以下に、その理由として考えられるものを10個挙げてみましょう。

1. サービスの質：サービスが不愉快だったり、遅かったりすると、再訪の意欲が減少します。
2. 価格：料理が美味しかったが、価格が高すぎる場合、経済的に再訪が難しいと感じるかもしれません。
3. 雰囲気：レストランの雰囲気や内装が不快だった場合、再訪をためらうことがあります。
4. 清潔さ：店内やトイレなどの清潔さが不足していると、再訪を考えにくくなります。
5. メニューの多様性：同じメニューが繰り返し提供されている場合、飽きてしまう可能性があります。
6. 駐車場の利便性：駐車場が不便な場所にあると、再訪が面倒に感じられます。
7. 予約の難しさ：予約が取りにくい場合、再訪を計画しにくいです。
8. 健康に気を使う人向けの選択肢の不足：特別な食事制限がある場合、再訪をためらうことがあります。
9. 飲み物の選択肢：アルコールや非アルコール飲料の選択肢が限られている場合、再訪が減少することがあります。
10. 席の快適さ：席が不快だったり、騒音が多かったりすると、再訪を避けることがあります。

これらの要因は、レストランの全体的な体験に影響を与え、再訪の意欲に影響を与える可能性があります。

論理的な解答を複数得ることができます。
その中でピンときたものが「惜しい」の理由かもしれません

こんな時どうする？
ChatGPT 使いこなし○&④

Q ChatGPTが出してきた答えが、
なんか違う感じがするのですが。

A 「この解答だと違和感があるので修正してください」とChat
GPTに素直に伝えるのも手。2〜3回繰り返しているうちに
違和感の根本原因が見つかって「なんか違う」の正体を言葉に
して指示できるようになっていきます。

Q ChatGPTを使っても、自分の言語化力を
下げないようにするには？

A 適当にプロンプトを打って、出てきた文章を「もうこれでいい
や」と、何も考えずに使う習慣をつけるのは絶対NG。よりよ
い文章を作ろうという気持ちを持って、ChatGPTときちんと
コミュニケーションを図ることが大切です。

Q 普通の質問文で入れるプロンプトと、
本文とは別に♯を付けて整理したプロンプト。
両者はどう使い分ける？

A シンプルな質問であれば♯をつけず、そのまま短めの質問文で
プロンプトを入力すればOKです。一方、前提や条件を複数入
れるなど込み入ったプロンプトになりそうなときは、ChatGPT
がプロンプトの意図を読み損ねてしまわないよう♯をつけるこ

とをおすすめします。＃をつけて情報（指示内容）をわかりやすく整理することで、ChatGPTがプロンプトの意図を汲み取りやすくなります。

Q ChatGPTの意外な使い方ってある？

A ChatGPTはまさに「相棒」のようなもの。意外な使い方としては、カウンセラーやコンサルタントとして使うのもありです。もちろん、プロのカウンセラーのようにはいきませんが「ちょっと疲れてるんですけど、最近こんなことがあって……」というようなプロンプトを打つと、「大変ですね。睡眠時間も足りていませんね」という風に答えてくれます。
また、さらに面白い使い方として、自分の強みや適職を発見するのにも使えます。
たとえば、ネットで無料で受けられるような「自分の強みを発見するテスト」がよくありますよね。その質問と答えをすべて打ち込んで「このデータを元に私の強みを教えてください」とプロンプトを打つと、分析結果を出してくれます。
自分の強みや適職を見つける参考になるかもしれません。

Q ChatGPTを仕事でより効率良く活用するための
コツや秘訣はある？

A よく使うプロンプトについてはテンプレート化しましょう。ただし、質が低いプロンプトをテンプレ化しても意味がありません。ChatGPTの解答が物足りない時は、納得いく答えを得るまで、粘り強くプロンプトの文面を修正しましょう。期待通り、あるいは期待以上の解答が得られた時点で、そのテンプレートを保管します。使えるテンプレートが増えれば増えるほど、ChatGPTの解答の質はもちろん、ChatGPTの活用スピードも向上します。

シチュエーション別

「具体化」のやり方から
「伝え方」のテクまで全部わかる!

超実践的
言語化
見本手帳

業務日誌 # 事実をありのままに伝える

5W3Hを抜かりなく、事実をありのまま伝える場合の具体化→伝え方を見ていきましょう。場面は「**業務日誌を書く**」です。

●業務報告NG例

今日の打ち合わせでは、新商品について、いろいろと詳細を

詰めることができました。

●どこがNG？　赤字チェック！

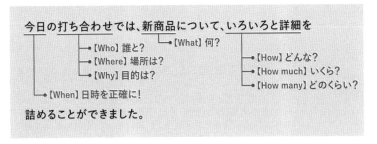

今日の打ち合わせでは、新商品について、いろいろと詳細を

- 【Who】誰と？
- 【Where】場所は？
- 【Why】目的は？
- 【What】何？
- 【How】どんな？
- 【How much】いくら？
- 【How many】どのくらい？
- 【When】日時を正確に！

詰めることができました。

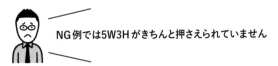

NG例では5W3Hがきちんと押さえられていません

まず具体化してみよう！ ➡

●事実の具体化

When	今日（6月18日）15時
Where	株式会社Ａの本社
Who	両社の販促チーム10名
What	コラボ商品「顔うる」の販促の打ち合わせ
Why	コラボ商品「顔うる」の販促活動の方法を決めるため
How	わが社のECサイトでの販売に賛同してもらった／2社で協力し合い、それぞれのSNSの動画メディア（YouTubeとTikTok）でプロモーションを展開する
How many	2500台
How much	4万9500円

●業務報告OK例

今日（6/18）の15時、株式会社Aの本社にて、
└→【When】　　　　　　　└→【Where】

両社の販促チーム10名が集まり、コラボ商品「顔うる」の
└→【Who】　　　　　　　　　　　└→【What】

販促の打ち合わせを行い、販促活動の方法を決めました。
└→【Why】

わが社のECサイトでの販売に賛同いただくほか、2社で協力し合い、

それぞれのSNSの動画メディア（YouTubeとTikTok）で
└→【How】

プロモーション展開することになりました。

なお、「顔うる」の価格は4万9500円。
└→【How much】

初回生産台数は2500台で決定しました。
└→【How many】

業務日誌の場合は具体化したものを端折らずに
そのまま伝えるのもアリです

進捗報告 事実を要約して伝える

　事実を伝える場面においては、**事実をありのまま伝えるのではなく、手短かに要約したほうがいい場合**もあります。たとえば、上司に「あの件、どうなってる？」と聞かれたときの**進捗報告のやり方**を紹介します。

●進捗報告NG例

> 店舗の内装工事が無事に完了しまして、まずは一安心というところです。あとは壁周りの装飾が残っているんですけれど、打ち合わせをしっかり行なったので、問題なく完成すると思います。装飾担当の方からも、すごくいいお店になりそうだというお声をいただいています。
>
> あと、今週からはいよいよオープニングスタッフのトレーニングが始まります。トレーナーは以前Dカフェのときにもお世話になったC氏なので、安心してお任せできると思います。スタッフは近隣の現役大学生が主なので、彼らの友人が立ち寄ってくれるのではないかと期待しています。

●どこがNG？ 赤字チェック！

店舗の内装工事が無事に<u>完了</u>しまして、<u>まずは一安心</u>というところで

- →【When】いつ？
- →【Where】どこの？
- →【What】何のための？
- →感想は不要

<u>す</u>。あとは壁周りの装飾が<u>残っている</u>んですけれど、打ち合わせをし

- →【When】それはいつ始まる？

っかり行なったので、問題なく完成すると思います。<u>装飾担当の方か</u>

<u>らも、すごくいいお店になりそうだというお声をいただいています。</u>

- →省略しても問題なし

あと、今週からはいよいよオープニングスタッフのトレーニングが始

まります。トレーナーは以前Dカフェのときにもお世話になったC氏

なので、安心してお任せできると思います。スタッフは近隣の現役大

学生が主なので、<u>彼らの友人が立ち寄ってくれるのではないかと期</u>

<u>待しています。</u>

- →感想は不要
- →今の時点でわざわざ言う必要はない

不要な情報が多いわりに、肝心の5W3Hが抜けています

まず具体化してみよう！ ➡

●事実の具体化

過去（これまで）	When	～11月10日（先週）
	Where	南青山の「Ｂカフェ」
	Who	進捗報告者
	What	Ｂカフェ開店準備の進捗報告
	Why	開店準備の現況と今後の見通しの共有のため
	How	スケジュール通りに進行中／ 店舗の内装工事が完了（残すは壁周りの装飾）
	How many	
	How much	

現在（これから）	When	11月11日～（今週）
	Where	南青山の「Ｂカフェ」
	Who	トレーナーＣ氏／オープニングスタッフ
	What	残るは壁周りの装飾、カフェ開店準備
	Why	開店時から主体的に動いてもらうため
	How	Ｃ氏を招いてトレーニングを開始
	How many	
	How much	

 進捗報告の場合は、過去・現在の2段階で状況を具体化すると
全体像を把握しやすくなります

●進捗報告OK例

南青山のBカフェ、開店準備の進捗をご報告します。
└●【Where】

11月11日現在、開店準備はスケジュールどおりに進行中で、特筆す
└●【When】 └●【What】 └●【How】

べき問題はありません。

先週までに、店舗の内装工事が完了し、残すは壁周りの装飾のみで
└●【When】 └●【How】

す。また、今週からトレーナーのC氏を招集し、オープニングスタッフ
└●【When】 └●【Who】

が開店時から主体的に動けるようにトレーニングが始まります。
└●【Why】 └●【How】

引き続き、適時に進捗を報告いたします。

上司が最も知りたい「スケジュール通りに進行中」をまず伝えます

事実を印象的に伝える

　映画の予告編のように、**事実の大事なところだけを抽出して印象的に伝えたいとき**。たとえば自己紹介もそのうちの一つです。新しい部署に異動し、「じゃ、簡単に自己紹介を」と言われた場合を見ていきましょう。

●自己紹介NG例

> 田中太郎です。1988年4月1日、千葉県生まれ。
>
> 趣味は食べ歩きです。
>
> よろしくお願いします。

●どこがNG？ 赤字チェック！

場面と内容が
ズレている

田中太郎です。<u>1988年4月1日、千葉県生まれ。</u>
└──● 不要な情報

<u>趣味は食べ歩きです。</u>
　└──● なくてもよい情報

よろしくお願いします。

【Where】前の部署は？
【What】どんな仕事をしてきた？
【How many】どれくらいの期間？

歓迎会などアットホームな場面ならば
個人情報を伝えるのもありですが、公の場では不要です

まず具体化してみよう！ ➡

●事実の具体化

When	4月1日（異動した月日）
Where	企画部（前部署）
Who	田中太郎（名前）
What	Eプロジェクトに従事（やってきたこと）
Why	Whatの理由 （デザインのディレクション業務全般を任されていたため）
How	社外のデザイナーなどとのやりとりが多く社内に友人が少ない（どんなふう）
How many	10年以上、一番長く在籍（何年くらい所属？）
How much	

会社の業務にまつわることを5W3Hで具体化しましょう

●自己紹介OK例

4月1日付でこちらの部署に異動して参りました、田中太郎
└──→【When】   └──→【Who】

です。これまでは10年以上 企画部に所属し、主に Eプロジェクトを
         【How many】└── └──→【Where】   └──→【What】

担当しておりました。一番長く在籍していたので「企画部のデータ
                                        └----→ 比喩・キーワード

バンク」と呼ばれていました。前部署では社外のデザイナーさんたち
                                            └──→【How】

とのやりとりが多かったので、あまり社内に友人がおりません（笑）。
                                    └----→ 落差

こちらの部署では、社内の皆さんと親睦を深められるように努めたい
                                            └----→ 肯定的に伝える

と思います。

よろしくお願いします。

伝え方テクの「比喩」「落差」「肯定的に伝える」なども使って
効果的に伝えています

感想を伝える

　何かの感想を的確に言語化できる人は、周りから教養がある人だと評価されます。**会食やSNSなどで感想を伝える場面**を見ていきましょう。映画『カメラを止めるな！』を例に紹介します。

●感想NG例

> 映画『カメラを止めるな！』は、たくさんの人が登場する
>
> ドタバタ劇です。奇をてらった物語の構成で面白かったです。

●どこがNG？ 赤字チェック！

> 具体化や
> 掘り下げがされて
> いないので内容が
> 薄すぎ！

映画『カメラを止めるな！』は、たくさんの人が登場する
┗➡語彙が貧困でよくわからない

ドタバタ劇です。奇をてらった物語の構成で面白かったです。
　　　　　どう面白いのかわからない◀┛

「面白かった」は必ず具体化して掘り下げて！　語彙力も必要です

まず具体化してみよう！ ➡

●感想の具体化

【ざっくり一言】

ドタバタしていたけど面白かった

【なぜ?】	【なぜ?】	【なぜ?】
伏線回収の美しさ	ハートフルさ	タイトルの秀逸さ

【たとえば?】	【たとえば?】	【たとえば?】
前半にちりばめた伏線を後半で見事に回収	映画愛や家族愛を含めた人間ドラマがある	諦めたらそこで終わりというメッセージ。タイトルにも表現されている

【たとえば?】

劇中劇の最後で
登場人物たちが一致団結して
「あること」に取り組むシーンは
涙が出る

「感想」の具体化は「なぜ→たとえば」メソッドで深めましょう

●感想OK例

映画『カメラを止めるな！』は、安っぽいB級ゾンビ映画かと
思いきや、中盤以降で急転直下、胸アツなヒューマンドラマへと
変貌を遂げる傑作群像劇だ。
> •「ドタバタ劇」を言い換え（語彙力）
> • 落差
> 「たくさんの人が登場する映画」の言い換え（語彙力）
> • 繰り返し「紛れもない超傑作」

前半にさまざまな伏線をちりばめ、後半では、それらの伏線を、
笑いを交えながら見事に回収していく。
> • 落差

しかも、その過程にハートフルな "映画愛" や "家族愛" を含んだ人間
ドラマを忍ばせていく。ネタバレになるので詳しく書けないが、
劇中劇のラストで出演者全員が「あること」に取り組むシーンがある。
一致団結するその姿を見ていたら不覚にも涙がこぼれてきた。
あんなに笑えて泣けるシーンは人生で初めてかも。
> • 落差
> • 比較「笑う⇔泣く」

本作品の土台にあるのは「諦めたらそこで終わり」という普遍的な
メッセージ。そのことは『カメラを止めるな！』というタイトルにも
表現されている。300万円という超低予算で製作された、
紛れもない超傑作だ。
> • 数字
> • 比較「超低予算⇔超傑作」
> •「面白かった」の言い換え（語彙力）
> • 繰り返し「傑作」

伝え方テクの「落差」「比較」などを使い、盛り上げて伝えています

267

社内会議 ## 意見を伝える

　たとえば**社内会議**などで、上司から**意見を求められたとき**の具体化、伝え方の事例です。「コロナも終わったし在宅ワークをなくしたほうがいいんじゃないかな。○○さんも考えておいて」と言われたらあなたならどう言語化しますか？

●意見のNG例

> うーん、在宅ワークは良い面も悪い面もありますよね……。
>
> どちらでも良いと思いますが……。

まず具体化してみよう！ ➡

自分でも意見がゆれていて、ざっくり一言がどっちつかずの場合は、
2パターンで具体化してみましょう

●意見の具体化 ①（在宅ワークに賛成の場合）

【ざっくり一言】

> 在宅ワークの制度があったほうがいい

【なぜ?】

> 自由に働けるから

【たとえば?】

> 子育て中や介護中の人も
> 働きやすい

【たとえば?】

> 家が遠くても働ける

【たとえば?】

> 部長のAさんは介護で
> 辞めなくて済んだ

【たとえば?】

> 子育て中のBさんも
> 時短をとらず以前と
> 同様の成果を出している

【たとえば?】

> 優秀なSEのEさんは
> 遠くに住んでいるのに
> 働けている

2パターンの具体化を比較、統合すると
高いレベルで言語化できます

●意見の具体化 ②（在宅ワークに反対の場合）

【ざっくり一言】

在宅ワークはなくしたほうがいい

【なぜ？】

コミュニケーションが深まる

【なぜ？】

不公平感がない

【たとえば？】

 同僚の様子を直接見ながら作業できるので仕事がしやすい

【たとえば？】

出社している人だけに郵便や電話対応の負担がかかる、ということを避けられる

【たとえば？】

自宅の環境による差が出にくい（子どもがいる、家が狭い等）

【たとえば？】

サボる人、サボらない人の差が出にくい

●意見OK例

リモートワークの制度自体は残したほうがいいと思います。

AさんBさん、Cさんなど出社しづらい事情を抱えた優秀な方が辞め
- - - -▶ メリット　　　　　　　- - -▶ 落差

ずにバリバリ働けていることや、以前より辞める人も少なくなったこ
- - - -▶ オノマトペ

とは会社にとって大きなメリットだと思います。

ただ、リモートワークの場合、コミュニケーションが難しいのと、
- - - -▶ デメリット　　　　- - -▶ 比較 「メリット⇔デメリット」

出社している人の仕事が増えたり、サボる人が出てきたりするなどの

不公平感が出やすくなるので、それらの対策を細かく検討する必要
- - - -▶ 肯定的に伝える

があると思います。

結論優先型のテンプレートで伝えています。
「会社にとってのメリット」を強調すると上司に伝わりやすくなります

PR・プレゼン 事実×意見を伝える

　PRやプレゼンなど、内容に説得力を持たせて、相手の心を動かす必要がある場合は、事実と意見の両方を細やかに伝える必要があります。事実と意見、それぞれを具体化してから効果的に伝えるようにしましょう。

●プレゼン文NG例

新商品「グルテンフリーの大豆スナック」をご紹介します。

大豆プロテインを主成分としており、1袋に食物繊維がたっぷり！

健康志向の方にぴったりです。

● **どこがNG？ 赤字チェック！**

> 事実も意見も
> 具体化できて
> いないので
> 内容が乏しすぎ！

新商品「グルテンフリーの<u>大豆スナック</u>」をご紹介します。
→【When】いつ発売？
→【Where】どこで買える？　　　　　→【How】どんなもの？
→【How much】いくら？

<u>大豆プロテインを主成分としており</u>、1袋に食物繊維が<u>たっぷり</u>！
→【Why】なぜ？目的は？
　　　　　　　　　　　　　　　　　　【How many】どれ位？

<u>健康志向の方</u>にぴったりです。
→【Who】たとえば誰に？

具体化ができていないので商品のイメージが全く浮かびませんね

まずは「事実」を具体化してみよう！ ➡

273

●事実の具体化

When	7月7日発売
Where	コンビニEight
Who	健康志向の方向け
What	グルテンフリーの大豆スナック
Why	グルテンフリー／主成分は大豆プロテイン （高タンパク・低糖質）
How	歯ごたえと香ばしい大豆の風味
How many	1袋（50g）に食物繊維が6700〜9100mg
How much	380円

「5W 3H」と、「なぜ→たとえば」メソッドの2段構えで
深掘りしていきましょう

次に「意見」を具体化してみよう ➡

●「意見」の具体化

【ざっくり一言】

> 「グルテンフリーの大豆スナック」がおすすめ！

【なぜ?】

> グルテンフリーで、主成分は大豆プロテイン
> （高タンパク・低糖質）だから

【たとえば?】
誰におすすめ?

> 健康志向の方
> お子様のおやつ
> 大人のお酒のおつまみ
> ダイエット中の方

【たとえば?】
メリット・デメリットは?

> ● ゆるやかに体内に吸収される
> ● 満腹感がキープされる
> ● 食物繊維が豊富なので腸活効果・便秘解消効果が期待できる
> ● 食物繊維をとりすぎると下痢を起こすことがある

 「たとえば」に「思考のものさし」も組み合わせて、
意見を深掘りしていこう

これをどう伝えるか?

●プレゼン文OK例

7月7日にコンビニEightで発売される1袋380円の健康
　└→【When】　　└→【Where】　　　　　　　　└→【How much】

志向の新商品「グルテンフリーの大豆スナック」をご紹介します。
　　　　　　　　　　└→【What】

　このスナックは、カリカリとした歯ごたえと香ばしい大豆の風味が
　　　　　　　　　└┈→ オノマトペ　　　　　　　　└→【How】

特徴で、お子さまのおやつから、大人のお酒のおつまみまで、
　　　　　　└┈→ 比較　　　　　　　　　　　　　　　ベネフィット

幅広い用途でお楽しみいただけます。

スナックの主成分である大豆プロテインは、ゆるやかに体内に消化

吸収されていき、満腹感をキープする効果があります。
　　└→【Why】　　　　　└┈→ ベネフィット

また、グルテンフリーでありながら高タンパク・低糖質を実現して
　　　　└→【Why】　　　　　└┈→ 落差

いるため、糖質制限をしている方やダイエットに励みたい方にも
　　　　　　└→【Who】　　　　　　　　　　　　　ベネフィット

おすすめです。さらに、このスナックは食物繊維も豊富で、

1袋（50g）あたり6700〜9100㎎もの食物繊維が含まれています。
└─【How many】　　　　　　　　・→ 数字

腸活にもなり、便秘の解消効果も期待できます。ただし、食物繊維の
・・・→ ベネフィット　　　　　　　　　　　　・・・→ デメリット

過剰摂取はかえって腸内環境を乱す恐れもあるので、まずは1日1袋
・・・→ 比較（ベネフィット⇔デメリット）　　　　　　【How many】

から始めていただければと思います。

おいしくて食べすぎてしまう人が続出すると思われますので、ここは

しっかり注意喚起をしていきたいと思います。
・・・→ 肯定的に伝える

事実をヌケモレなく伝えながら、
誰にとってどんなベネフィットがあるかを効果的に伝えています。
文書にするときは列挙型のテンプレートを使ってみてもいいでしょう

自己実現のための言語化①

第4章でお伝えしたように、言語化は自己実現を叶える強力な一手になります。人に届けるための言語化ではなく、自分を突き動かすための言語化を見ていきましょう。「仕事ばかりの生活を変えたい」というモヤモヤを解消し、自己実現へと進んでいくためにはどう言語化すればよいでしょう？

●願望のNG例

> 仕事ばかりの生活で休みの日も毎日ごろごろしてばかり……。
>
> こんな生活もうイヤだなぁ。どこかに行きたいなぁ……。（モヤモヤ）

モヤモヤのまま放置していても何も変りません。
願望を具体化し、さらに「ToDo」にまで落とし込みましょう

自己実現のための言語化の場合は、
まずは自分の願望を「なぜ→たとえば」メソッドで具体化してから
「5W3H」で「ToDo」に向け具体化していくのが◎

● 「願望」の具体化

【ざっくり一言】

仕事ばかりの生活を変えたいなあ

【なぜ?】

週末や休日はごろごろして疲れを抜くことで精いっぱいで、
人間として成長できていないから。人間として成長したい!

【たとえば?】	【たとえば?】	【たとえば?】
日本国内の世界遺産を見たい	ご当地グルメを楽しみたい	旅を通して人脈を広げたい

次に「ToDo」に向けさらに具体化 ➡

279

●「ToDo」への具体化

When	週末や連休
Where	日本国内の世界遺産のある場所 （たとえば京都の寺社仏閣・広島の宮島・鹿児島の屋久島……）
Who	自分
What	観光、ご当地グルメ （たとえば○○の湯豆腐、厳島うにめし、トビウオ……） 人脈獲得 （たとえば、旅先で最低1人とはSNSでつながる）
Why	仕事に追われて週末や休日は疲れを抜くことで精一杯／人間として自分がほとんど成長していない／視野を広げるため／知識を深めるため
How	一人旅／旅の費用は美容代を削って捻出、時間捻出のため仕事の生産性を上げる
How many	月に1回程度、1年で10回
How much	1回の旅行費用の目安は上限5万円

5W3Hをフックに行動プランを具体化していきましょう

●自己実現のための言語化例

今年は視野を広げ、知識を深めるべく、週末や連休を使って、
└●【Why】 ●【When】

日本国内を旅したい。
└●【What】
└●【Where】

なぜなら、仕事に追われるハードな生活を続けて5年。週末や休日は、

自宅でゴロゴロしながら疲れを抜くことで精一杯。人間として自分が

ほとんど成長していないことに気づいたから。
└●【Why】

旅費は1回上限5万円、月に約1回ペース、年10回を目標に、国内の
└●【How much】 └●【How many】

世界遺産を回りたい。
└●【Where】

たとえば京都の寺社仏閣・広島の宮島・鹿児島の屋久島など。
└●【Where】

湯豆腐、厳島うにめし、トビウオなどそれぞれのご当地グルメも楽し
└●【What】

みたい。

旅先では最低1人とSNSでつながって人脈も広げたい。
└●【How many】 └●【What】

これを実現するために、美容代を削ってお金を貯め、仕事の生産性を
└●【How】

上げて時間も捻出したいと思う。

行動できるスモールステップまで「ToDo」をどんどん分解して
具体化していきましょう

自己実現のための言語化②

なんとなく「このまま今の会社にいていいのかなぁ」と考えている人は多いでしょう。漠然とした「キャリアアップをしたい」という思いを言語化してみましょう。

●願望のNG例

> このまま今の会社にいていいのかなぁ……。
>
> もっとキャリアアップしたいけど……。
>
> どうしていいかわからない……。(モヤモヤ)

 具体化しないと、自分がどうしたいのかが見えてきません

まずは自分の願望を具体化させましょう

● 「願望」の具体化

【ざっくり一言】

キャリアアップを図りたい

【なぜ?】

自分のスキルと知識をレベルアップしたい。
今の会社ではそれができない。
もっとレベルアップできる会社に転職し、最先端の専門性も身に付けたい

【たとえば?】

今の会社では参入していないAI系の技術と知識を身に付けられる
会社に転職したい

次に「ToDo」に向けさらに具体化 ➡

283

● 「ToDo」への具体化

When	35歳まで（あと3年）
Where	都内の勤務地で
Who	私
What	AI分野がある企業（たとえばA社、B社、たとえば○○のような職種）
Why	エンジニアとしてのスキルと経験を、より最先端の技術分野に活かしたい 最も興味をもっているAI（人工知能）の分野に現在の会社は参入していない
How	AI企業のリサーチ（たとえば、AI分野に関わる人たちとの人脈作り、たとえばヘッドハンターに話を聞く、必要なスキルは何かなど）、自己価値を高めるスキルをつける（オンライン講座を探す）
How many	2週間に1回くらい人脈作りの機会を持つ
How much	○○円以上の年収アップを目指す

「5W3H」の各項目も「たとえば」でさらに具体化していくことができます

●自己実現のための言語化例

これまでIT系企業で培ってきたエンジニアとしてのスキルと

経験を、より最先端の技術分野に活かしたいと考えている。
　　　　　　　　　　　　　　　　　└●【Why】

しかし残念ながら、最も興味をもっているAI（人工知能）の分野に現

在の会社は参入していない。

だから、35歳までに、AI分野に力を入れている企業やそういった職
　　　　└●【When】　　　　　　　　　　　└●【What】
種に転職できるようにしたい。

そのためにたとえば、2週間に1回くらいは、AI分野に関わる人たち
　　　　　　　　　└●【How many】
と会ったりヘッドハンターに話を聞いたりして、人脈を作るとともに企

業リサーチをしたい。さらに自分の価値を高めるスキルがあるなら、オ

ンライン講座なども取り入れて準備していく。
　　　　　　　　　　　　　　　└●【How】

言語化のやり方がわかりましたか？
あなたの言語化の上達を祈っています！

285

おわりに

　言語化の旅はいかがでしたか？

　言語化力は生まれながらの「才能」ではなく、誰でも磨いていくことができる「スキル」です。本書では、そのスキルについて噛み砕いて説明しました。言語化が上手になるトレーニングもたくさん載せました。楽しみながら取り組んでみてください。

　最後に私からひとつお願いがあります。

「言葉」を好きになってください。

　言葉は人間が生み出した“恵み”です。言葉は私たちのために存在してくれています。一つひとつの言葉をよく観察して、その意味を味わってください。そして、言葉と仲良くなってください。

　言葉を使えるようになったことで、人は情報や想いをより正確に伝え合うことができるようになりました。言葉を介して、お互いをモチベートし合ってもいます。あなたも誰かの言葉に励まされたり、勇気をもらったりしたことがあるのではないでしょうか。

　あなたの言葉が誰かに伝わったとき、あなたと相手の心の距離が1ミリ近づきます。それをきっかけにお互いの理解が深まり、豊かなコミュニケーションへと発展するケースもよくあります。

　仕事の場面であれば、意思疎通がスムーズになり、周囲の人たちと信頼をベースに人間関係を築いていくことができます。もち

ろん、仕事の成果が出やすくなることは言うまでもありません。

　言語化がうまくなることの最大のメリットは何か？
　それは、あなたの頭の中がスッキリし、自分自身への理解が深まることです。その結果、あなたは自分に自信がもてるようになるでしょう。大丈夫。あなたが言葉を好きになれば、言葉はきっとあなたの力になってくれるはずです。

　あなたはすでに言語化という武器を手にしています。この武器は使い方次第で人を傷つけることもできれば、救うこともできます。決して悪用せず、あなた自身かあなた以外の誰かのために使っていきましょう。

　本書の執筆にあたり、ダイヤモンド社の井上敬子さんに大変お世話になりました。「言語化について言語化する」ことができたのは井上さんのお陰です。また、言語化チームの一員としてサポートしてくれた森本裕美さんにも心より感謝申し上げます。
　妻の山口朋子と娘の桃果にもお礼を。3人そろうとワイワイとよもやま話で盛り上がる。その日常が私の言語化の礎になっています。いつもありがとう。

　この本を読んでくれたあなたへ。"うまく言葉にできない"が"うまく言葉にできる"へと向かう道中をどうぞお楽しみください。
　あなたの言葉に出会える日を楽しみにしています。
　　　　　　　　　　　　　　　　　　　2023年11月　山口拓朗

[著者]

山口　拓朗（やまぐち・たくろう）

伝える力【話す・書く】研究所所長/山口拓朗ライティングサロン主宰
出版社で編集者・記者を務めたのちライター&インタビュアーとして独立。27年間で3800件以上の取材・執筆歴がある。現在は執筆や講演、研修を通じて「論理的に伝わる文章の書き方」「好意と信頼を獲得する伝え方の技術」「売れる文章&コピーの作り方」など、言語化やアウトプットの分野で実践的なノウハウを提供。2016年からアクティブフォロワー数400万人の中国企業「行動派」に招聘され、北京ほか6都市で「Super Writer養成講座」を23期開催。著書に『9割捨てて10倍伝わる「要約力」』（日本実業出版社）、『伝わる文章が「速く」「思い通り」に書ける87の法則』（明日香出版社）、『書かずに文章がうまくなるトレーニング』（サンマーク出版）など27冊。中国、台湾、韓国など海外でも20冊以上が翻訳されている。NHK「あさイチ」などのテレビ出演も。
山口拓朗公式サイト　http://yamaguchi-takuro.com

「うまく言葉にできない」がなくなる

言語化大全

2023年11月14日　第1刷発行
2024年10月24日　第9刷発行

著　者──山口　拓朗
発行所──ダイヤモンド社
　　　　　〒150-8409　東京都渋谷区神宮前6-12-17
　　　　　https://www.diamond.co.jp/
　　　　　電話／03·5778·7233（編集）　03·5778·7240（販売）
ブックデザイン──金井久幸＋川添和香（TwoThree）
イラスト──さかたともみ
校正──────鴎来堂／NA Lab.
ＤＴＰ─────エヴリ・シンク
製作進行──ダイヤモンド・グラフィック社
印刷／製本─勇進印刷
編集協力──森本裕美
編集担当──井上敬子